„Kann das Liebe sein, was einander aufsaugt,
wie ein Schwamm Wasser ...?"

William Blake

4. Auflage 2007

Gestaltung, Satz, Illustrationen: Alchima - Karin Brandl
Kraftzeichen, Linolschnitte von Karin Brandl.
Die Dame in den Auradarstellungen ist der Venus von Hans Baldung-Grien (1484-1545) nachempfunden.
Druck und Bindung: MaroDruck, Augsburg
Alchima® ist eine eingetragene Marke.

Die Erstausgabe mit gleichem Titel erschien 1997 im Hermann Bauer Verlag unter ISBN 3-7626-0533-5.
Das Buch ist auch als gebundene Ausgabe im Alchima Verlag unter ISBN 3-932669-06-1 erhältlich.

ISBN 978-3-932669-03-3

Karin Brandl

Ich kann doch ohne dich nicht leben!

Die Macht energetischer Verbindungen
und ihre Auflösung

ALCHIMA®

Karin Brandl

Studium zur Dipl. Designerin, arbeitet als Autorin, Künstlerin, Astrologin

Bereits in der Kindheit zeigte sich meine Affinität zur unsichtbaren Welt und schon als Teenager beschäftigte ich mich mit Meditation und Psychologie. Jahre später experimentierte ich intensiv mit Trancereisen ins eigene Innere und Mitte der 1980er Jahre erlernte ich Tarot und Astrologie als Schlüssel zur Selbsterkenntnis. Mein weiteres Forschungsinteresse gilt Kraftorten und energetischen Phänomenen. In meinen Büchern reflektiere ich meine Erfahrungen mit übersinnlichen oder paranormalen Erscheinungen des Lebens.

Teile dieses Buches beruhen auf Erfahrungsberichten. Namen und persönliche Angaben der Beteiligten sind zu deren Schutz geändert. Alle vorgeschlagenen Übungen zur Selbsthilfe sind von der Autorin sorgfältig erprobt und nach bestem Wissen und Gewissen dargestellt. Da Menschen aber unterschiedlich reagieren, kann von Autorin oder Verlag keine Garantie für die Wirksamkeit oder Unbedenklichkeit der vorgestellten Methoden übernommen werden.

Inhalt

Ein Dank an meine Leserschaft

Dieses Buch wurde seit seinem Erscheinen in der Erstausgabe im Frühjahr 1997 von vielen tausend Menschen gelesen.

Aus zahlreichen Mitteilungen von Leserinnen und Lesern durfte ich erfahren, wie wirkungsvoll meine vorgeschlagene Methode zur Erlösung beklemmender Abhängigkeitsbeziehungen sein kann. So viele berichteten von einem geradezu durchschlagenden Erfolg und waren hocherfreut über die innerliche Befreiung. Dadurch weiß ich heute, daß meine Selbsthilfemethoden für viele Menschen eine nützliche und hilfreiche Anregung sind.

Und dies bestätigt auch, daß gezielte Vorstellungskraft unser Erleben und unser psychisches Energiemuster prägen und umwandeln kann, um so mehr noch, wenn die oder der Betroffene dies selbst in die Hand nimmt.

Dadurch nämlich gewinnt sie oder er Macht und Verantwortung über das eigene Leben wieder. Das ist der wichtigste Schritt zu Freiheit und zum Seelenfrieden.

Ich danke allen Leserinnen und Lesern für die Gewißheit, die mir ihr Feedback gab!

Karin Brandl, Mai 2001

Liebe Leserin, lieber Leser,

Beziehungen zwischen Menschen sind ein faszinierendes Thema und sie gehören zum Menschsein. Dieses Buch handelt von der *astralen Nabelschnur*, einer machtvollen Energieverbindung, die von Mensch zu Mensch geht und vielfältige Einflüsse auf das Leben des einzelnen haben kann.

Vielleicht fragst du dich nun: Wie kommt jemand dazu, solch ein Buch zu schreiben, und was ist dran an diesem Phänomen der „Energiebänder"? Sind wir nicht alle Einzelwesen; steckt nicht jede und jeder von uns ungestört in der eigenen Haut? Leider (oder auch zum Glück) muß ich sagen: ganz so ist es nicht. Wir leben in einer Energiewelt, und auch wir Menschen sind *Energiewesen*. Somit haben wir über die Energieebene immer auch Anteil am Ganzen, im Guten wie im Negativen. Das heißt, daß wir uns mit der feinstofflichen Welt auseinandersetzen müssen, wenn wir nicht beeinflußt werden wollen.

Das Buch ist aufgrund meiner eigenen Erfahrungen und Beobachtungen entstanden. Ich weiß ganz sicher, daß die Haut keine Grenze für psychische oder energetische Einflüsse darstellt. Schon immer haben mich die Mechanismen interessiert, die uns in Verbindung mit anderen Menschen zu ganz bestimmten Handlungen bewegen. Wo ist die wirkliche Grenze im Bewußtsein? Was kommt von mir, was von außen? Wie läßt sich beides trennen und unterscheiden?

Ein Großteil unseres Verhaltens wird von unseren eigenen Gefühlen (bewußt oder unbewußt) beeinflußt, sowie von den frühen, anerzogenen Prägungen durch Menschen unseres Umfelds. Doch unsere individuelle Psyche mit den ihr eigenen Verhaltensmustern ist nicht für alle unsere Reaktionen maßgebend. Wir werden auch von anderen Menschen, von ihren Gefühlen und Gedanken beeinflußt, die als Energie/Information in unsere Sphäre gelangen. Bis zu einem gewissen Grad ist das auch so in Ordnung. Wir können durch solche Einflüsse von außen sehr wohl profitieren, indem wir beispielsweise Neues dazulernen. Das gilt sowohl für positive als auch negative Einflüsse, denn lernen können wir aus beiden. Manchmal sind es gerade die schwierigen Erfahrungen, die uns am weitesten vorwärtsbringen, wenn wir sie integrieren.

Viele Vorgänge auf der feinstofflichen Ebene entziehen sich jedoch dem Wach-Bewußtsein und somit lassen sich negative oder überwältigende Einflüsse vom Verstand nicht erkennen oder überprüfen. Wir haben also gar keine Wahl, ob wir uns einem Einfluß besser verschließen, wenn er unbewußt arbeitet wie z.B. eine astrale Nabelschnur, oder ob wir ihn als etwas Neues und Förderliches begrüßen sollten. Aber meine eigene Erfahrung zeigte mir, daß auch ein unbewußter Einfluß ganz bestimmte sichtbare und spürbare Auswirkungen erzeugt, auf die wir aufmerksam werden können.

Zu dieser für mich sehr wichtigen Erkenntnis gelangte ich durch das Zusammentreffen mit einem besonders PSI-begabten Menschen, der sich unter anderem mit Energiearbeit und Heilen befaßte. Leider wandte er seine Kräfte nicht nur dazu an, um den Mitmenschen in Liebe zu dienen, sondern auch um sich durch feinstoffliche Machtübernahme Vorteile zu verschaffen. Er war also ein „unreiner" Kanal für höchstwahrscheinlich ebensolche Energien, der besser zuerst sich selbst geheilt hätte.

Ich wurde durch ihn auf das Prinzip der Energieverbindungen zwischen Menschen und auch auf die Macht des karmischen Einflusses aufmerksam. Ich entdeckte, daß uns ganz offenbar ein karmisches Muster verband und ließ mich ein auf eine labyrinthische Reise ins Unbewußte.

Plötzlich zeigten sich mir die in diesem Buch beschriebenen Phänomene dann auch in Berichten anderer Menschen, und aus meiner eigenen Vergangenheit kramte ich hierzu interessante Erinnerungen früherer Erlebnisse hervor. So kam ein Mosaikstein zum anderen, bis ich das Grundmuster der zwischenmenschlichen Energiebänder erkannte, die wir nicht nur in Partnerschaften finden, sondern auch in vielen anderen Bereichen, wo Menschen auf Menschen treffen. Machtgierige Energieverbindungen gibt es beispielsweise auch in Familie und Verwandtschaft, im Arbeitsumfeld (sehr oft in den therapeutischen und „helfenden“ Berufen), im Freundeskreis und sonstigen menschlichen Gemeinschaften und Gruppierungen, Sekten etc. Doch es blieb nicht beim bloßen Herausfinden der Zusammenhänge, denn meine astrale Nabelschnur mit dem oben genannten Menschen erlebte ich „am eigenen Leibe“ als so unangenehm und nervenaufreibend, daß ich gar nicht umhin konnte, zu lernen, wie man sich von derartigen Verbindungen befreit. Meine dazu erschaffenen magischen Kunstgriffe, Rituale und Visualisationen gebe ich in diesem Buch ebenfalls gerne weiter. Bei mir haben sie sich bewährt - mögen sie auch dir helfen, dich aus unguten Beziehungen zu lösen und Freiheit zu schaffen, die echte Liebe ermöglicht!

Wirkliche Herzensliebe ist ein Kind der Freiheit, während das astrale Energieband der Kontrolle, Manipulation und Besitzergreifung dient. Jenes ruhige Herzgefühl, das eigentlich gar nicht besonders intensiv, dafür aber allumfassend und allem Lebendigen und allen Wesen gleichermaßen verbunden ist, vermag in der Tat Menschen zu befreien und Frieden in ihren Seelen zu schaffen. (Seelen-)Frieden, innere Zufriedenheit und wirkliche Herzensliebe sind Dinge, von denen wir in diesen dunklen Zeiten des Wandels nicht genug haben können. Wir alle sind jetzt dazu aufgefordert, diese Werte neu zu schaffen. Beginnen wir damit in unserem eigenen Umfeld!

Karin Brandl, im Januar 1997

Unsichtbare Energieverbindungen

Einleitung

Wir kommunizieren auch auf der Energieebene

Der zwischenmenschliche Austausch besteht nicht nur aus dem, was Menschen zueinander sagen oder miteinander tun. Wir funken einander auch ständig auf den feinstofflichen Frequenzen Signale zu, die vom Wachbewußtsein unerkannt, von der Aura aufgenommen und gespeichert werden. Diese geheimen Informationen prägen unser intuitives Empfinden einem anderen Menschen gegenüber, während wir uns mit ihm austauschen. So wie der Strom seiner Worte an unser Ohr dringt, so zieht auch ein Strom von energetischen Informationen in unsere Aura ein und wird dort bearbeitet. Während des Austausches sind wir also auf mehreren Ebenen in Kontakt. Über Bewußtsein und Verstand hören wir zu und sehen, bzw. sprechen und handeln wir im materiellen Raum. Aber unser Ich endet nicht an der Grenze der Haut. Unsere Aura reicht weit in feine und feinste Energieräume hinein, und auch in diesen Räumen begegnen wir der Person, die uns im Gespräch gegenübersitzt, und wir verbinden uns mit ihr.

Lichtbänder verbinden Menschen miteinander

Zwischenmenschliche Energieverbindungen, für sensitive Menschen in der Astralvision als Lichtbänder erkennbar, entstehen überall dort, wo Menschen auf Menschen treffen. Jede Kontaktaufnahme und jede Form von Kommunikation wird von einem energetischen Austausch begleitet. Menschen treten also nicht nur physisch in Kontakt, sondern auch in Form psychischer Energien.

Diese Licht- oder Energiebänder knüpfen sich in der Regel an den psychischen Zentren, den Chakras, in der Aura des Menschen an. Die Chakras haben die Funktion der Informations- und Energieaufnahme aus der Umwelt, und sie geben auch Informationen und Energie aus unserem eigenen System nach außen ab. Es werden sieben Hauptchakras unterschieden, die verschiedene psychische und energetische

Bereiche abdecken. (Auf das System der Chakras gehe ich später noch genauer ein.) Menschen, die sich gerne mögen, knüpfen Herzensbänder von Herzchakra zu Herzchakra. Menschen, die eine sexuelle Beziehung führen, haben Bänder von Sakralchakra zu Sakralchakra. Menschen mit gemeinsamen Interessen, die sich gut verstehen, knüpfen Verbindungen am Kehlchakra, dem Kommunikationszentrum. Menschen in spiritueller Gemeinschaft verbindet oft ein Band am Dritten Auge auf der Stirnmitte. Geistheilerinnen verbinden sich mit ihren Patienten oft über das Nabel- oder Solarplexuschakra. Dieses Chakra wird mit Macht und Willenskraft in Verbindung gebracht, und in der Tat durchfließt eine kosmische Energie von großer Macht und Heilkraft eine Heilerin während der Energieübertragung.

All diese Vorgänge sind völlig normal und passieren täglich, ohne daß sie uns besonders bewußt würden. Sie sind eine Begleiterscheinung jedes physischen Kontakts. Gehen die Menschen nach dem Gespräch, nach dem Rendezvous, nach der gemeinsamen Meditation oder der Heilsitzung wieder auseinander, so verblaßt das Band im Normalfall wieder. Man trifft andere Menschen, spricht, denkt, tut andere Dinge, die das Jetzt einnehmen, und das ist auch gut so.

Manchmal kommt es jedoch vor, daß ein Mensch uns noch lange nach dem Treffen (oder auch schon zuvor) in seinen Bann schlägt. Es scheint unmöglich, sich der Macht dieser Person zu entziehen. Immer wieder ertappen wir uns dabei, daß unsere Gedanken um die Person kreisen, und es bedarf einer gehörigen Ablenkung, damit wir uns davon lösen können. Dahinter steckt in vielen Fällen ein energetischer Störfall, jene Energieverbindung, die vom Jetzt abgekoppelt ein astrales Eigenleben führt. Diese Verbindung verblaßt nach dem physischen Kontakt nicht wieder, sondern sie bleibt aktiviert, so wie ein nicht eingehängter Telefonhörer. Dieser energetische Dauerrapport verursacht, neben der genannten gedanklichen Beanspruchung, vielerlei Phänomene, auf die ich im Kapitel über die Symptome eingehe.

Der energetische Dauerrapport ist ein Störfall

Ein solcher Dauerrapport bildet die energetische Komponente einer Beziehung, die aus einem Wechselspiel von

Macht und Ohnmacht besteht. Diese Energieverbindung nenne ich eine astrale Nabelschnur; sie entsteht jedoch weitgehend unbewußt und ist selten mit offenkundig böser Absicht verbunden. Häufig bestehen auch Liebesbeziehungen aufgrund einer astralen Nabelschnur.

„Siamesische Zwillinge"

Dion Fortune bezeichnet die durch ein Energieband in Dauerrapport stehenden Personen als astrale siamesische Zwillinge, da ein ständiger Informations- und Energiefluß zwischen den beiden stattfindet.

Selbstverständlich kann so eine Dauerverbindung auch zur absichtlichen Suggestion und Beeinflussung mißbraucht werden. Viel wahrscheinlicher ist aber, daß Gedanken und Gefühle rein unbewußt übertragen werden, was von den Beteiligten im Falle einer Liebesverbindung instinktiv ganz richtig als besondere Nähe und Verbundenheit gedeutet wird.

Die romantische Liebe spielt sich zum größten Teil im Feinstofflichen ab. In der Praxis zeigt sich jedoch, daß diese feinstoffliche Nähe meist sehr schnell als erdrückend und beengend empfunden wird, zumal das, was im Energiebereich möglich ist, in der körperlichen Sphäre kaum zu realisieren ist.

Früher oder später will einer der Partner ausbrechen aus der - als bedrohlich empfundenen - Nähe. Das dominantere Naturell der beiden hat anfangs die geringeren Schwierigkeiten mit der Beziehung. Doch das Machtgefälle erfährt oft eine Verschiebung. Dann ist der dominante Teil der Energieverbindung in der passiven Rolle, während die schwache Seite auftrumpft.

Psychoenergetische Fremdeinwirkung ist eine Tatsache

In schwierigen Beziehungen, vor allem auch in Partnerschaften, die als die ganz große Liebe begannen, findet sich fast immer eine astrale Nabelschnur. Dieses Energieband ist eine leider noch viel zuwenig beachtete Tatsache. Man versucht allerlei Therapien, um eine Beziehung zu retten oder begibt sich in Psychotherapie, um eine Trennung zu überwinden. Die Psychologen behandeln dabei jedoch in der Regel nur die menschlich-psychologische Seite des Problems, wo zwar ein rationales Verständnis der Zusammenhänge erlangt wird. Die klassische Psychoanalyse erkennt jedoch einen energetischen Aspekt nicht an, der eine tatsächliche Fremdeinwirkung darstellt und zudem noch von anderen Faktoren (z.B. Karma) überlagert sein kann. Im Gegenteil, es wird sogar oft versucht, mit solcher Außeneinwirkung verbundene Phänomene und Wahrnehmungen ausschließlich unbewußten Trieben und Phantasien des Empfängers zuzuschreiben. Da werden Halluzinationen unterstellt und Wahrnehmungen von Menschen als merkwürdig oder sogar krankhaft angesehen, die feinstoffliche Vorgänge absolut präzise und stimmig wiedergeben. Das soll nun nicht heißen, es gäbe gar keine krankhaften Wahnvorstellungen dieser Art. Aber ich möchte anregen, im Einzelfall genauer zu differenzieren.

Es ist wahr: Wir können tatsächlich spüren, wenn jemand oder etwas in unseren Energiebereich dringt oder an uns hängt. Es gibt Dutzende von Anzeichen, aber auch viele Möglichkeiten sich energetisch davon zu befreien oder sich schon im Vorfeld zu schützen.

Ein Rapport ist niemals einseitig

Ein derartiger Rapport ist niemals einseitig, sondern wird immer von beiden Parteien eingesetzt, bzw. zugelassen. Niemand kann abhängig gemacht werden, wenn er nicht auch eine Bereitschaft dazu mitbringt. Hier ist unbedingt auch die eigene Verantwortlichkeit anzuerkennen.

Wenn wir die eigene Disposition zur Abhängigkeit erkennen, läßt sich das zugehörige Muster verändern und eine energetische Anklammerung in Zukunft vermeiden. Im Kapitel über die Auflösung der Energiebänder beschreibe ich meine Methoden zum Eingriff auf der Energieebene. Dieser Abschnitt mag in der Tat magisch anmuten. Ich verwende imaginative Methoden in Verbindung mit Chakra-Arbeit. Dies sind wirksame Hilfsmittel, die eine gute Ergänzung zur psychologischen Bewußtwerdung der eigenen Probleme bilden. Eine direkte Auflösung des Bandes im Energiebereich kann die psychologische Bewußtseinsarbeit enorm beschleunigen, weil sie sozusagen die Operationsbasis reinigt.

Wirksame Selbsthilfe durch „magische" Techniken

Über eine fortdauernde Energieverbindung besteht die Möglichkeit, unbewußt jede Veränderung der alten Strukturen zu unterlaufen, den Partner zu steuern oder von ihm gesteuert zu werden. Versucht nur einer der beiden Partner eine Umwandlung des Beziehungsmusters, so kann der Zwilling über die astrale Nabelschnur, die eine Basis für eine versteckte Kommunikation auf der unbewußten Ebene ist, die Anstrengungen des veränderungswilligen Partners hemmen. Ein nach einer konfliktreichen Trennung oder Scheidung fortbestehendes Nabelband kann auch ohne physische Kontaktaufnahme eine fortgesetzte feinstoffliche Kommunikation sowie Beeinflussung erzeugen. In diesem Fall ist es sinnvoll, die Energieverbindung zusätzlich zur physischen Trennung zu lösen. Nur so lassen sich die oft zermürbenden und kraftraubenden Symptome einer astralen Nabelschnur dauerhaft und vor allem zügig ausschalten.

Nicht jede Freundschaft oder Liebesbeziehung enthält eine psychisch-energetische Machtverbindung wie die astrale Nabelschnur. Im Kapitel über die Entstehung dieser Bänder gehe ich auf die besonderen Merkmale ein. Auch besitzt nicht jeder Mensch eine entsprechende Disposition dazu. Im zugehörigen Kapitel erläutere ich, welche Menschen zu einer dauerhaften astralen Nabelschnur neigen. Für bestimmte Phasen im Leben und in bezug zu bestimmten Personen (z.B. zu Kleinkindern) ist eine solche Energiebindung jedoch auch ein normales Phänomen, das einen besonderen Zweck erfüllt.

Loslösung aus der Energiesymbiose

Dieses Buch ist zur Selbsthilfe für all jene geschrieben, die unter einer symbiotischen Energieverbindung leiden und sich daraus lösen wollen, wie auch für jene, die sich nach einer erfolgten Trennung noch immer nicht ganz frei fühlen, bzw. ihre Beziehung gemeinsam mit der anderen Person aus der energetischen Abhängigkeit herausführen wollen.

Seit Erscheinen der Erstausgabe dieses Buches im Frühjahr 1997 wurde es von vielen tausend Menschen gelesen. Mich erreichten viele Mitteilungen von Leserinnen und Lesern, die über ihre Erfahrungen berichteten. Die Rückmeldungen waren mir eine Bestätigung dafür, daß Bilder und Rituale erwünschte Veränderungen in der Seele erzeugen, und daß es dazu keiner besonderen Voraussetzungen oder Fähigkeiten bedarf. Die beschriebenen Methoden sind für Laien anwendbar. Sie wurden von vielen erprobt und es zeigte sich: Wer sich ernsthaft daran macht und die innere Befreiung selbst in die Hand nimmt, wird auch erfolgreich sein. Energetische Abhängigkeit ist eine Angelegenheit der eigenen Seele und eigene Muster lassen sich bewußt verwandeln. Andererseits gilt: Wer innerlich nicht zum Loslassen bereit ist, dem nützt auch eine geführte Ablösung nur kurzfristig. Meist bildet sich das Energieband nach einer Weile wieder.

Die Loslösung ist also kein magischer Hokuspokus, den man an irgendeinen „Zauberer" delegieren könnte, sondern ein innerpsychischer Prozeß, der - wie jede Entwicklung - seine Zeit braucht.

Bildzeichen für das Unbewußte

Ich habe den Text mit archaisch anmutenden, magischen Zeichen illustriert, die dem visuell orientierten Unbewußten über die lineare Qualität des Textes hinaus Impulse zu einem ganzheitlichen Verständnis geben sollen.

Im Mittelpunkt meines Buches steht der Mensch innerhalb seiner energetischen Sphäre, der eiförmigen Aurahülle, die beim gesunden Menschen kompakt und von Kraft erfüllt, sowie von einer natürlichen Schutzhülle umgeben ist.

Ein Symbol für den Menschen - in der kraftvollen Aurahülle

Die Entstehung zwischenmenschlicher Energieverbindungen

Die vier Ebenen der kosmischen Energie

Wie eingangs erwähnt, wird jede Art von Kommunikation von einer unbewußten feinstofflichen Energieverbindung begleitet. Auch ein Telefonat, wie etwa mit der Sekretärin eines Versandhauses, schafft kurzzeitig eine solche Energieverbindung. Um zu einem grundlegenden Verständnis der Eigenart und Funktion von zwischenmenschlichen Energieverbindungen zu gelangen, ist es notwendig, den Aufbau der Energiestruktur des Kosmos zu verstehen.

Dazu bitte ich meine Leserinnen und Leser, mir ins - wie ich gern zugebe - trockene Reich der Theorie zu folgen. Ich erläutere meine spirituelle Sicht, verbunden mit Bereichen der modernen Physik. Das mag schwierig erscheinen, gleich zum Auftakt dieses Buches, doch die Theorie stellt das im weiteren Gesagte und auch die magischen Methoden der Abhilfe auf eine solide Verständnisgrundlage.

Mir ist es wichtig, keine Geheimnisse zu verbreiten oder einfach nur Behauptungen aufzustellen, die nicht nachvollziehbar sind. Auch will ich die Begriffe Körper, Geist, Seele, Spirituelles Selbst und Urpotential genau aufschlüsseln und meine Verwendung klären, da einige davon in Literatur oder Religion manchmal in einen anderen Zusammenhang gestellt werden. Andernfalls könnte leicht eine Begriffsverwirrung entstehen.

Bei all dem bin ich mir bewußt, daß jede spirituelle Theorie am Ende unvollständig bleiben muß, da die letztendliche Wahrheit nur von jedem Menschen selbst erfahren werden kann. Sie läßt sich unmöglich in die Enge rationaler Vorstellungen und eines sprachlichen Rahmens zwängen. Dies gelingt weder in Begriffen der Mystik, noch in denen der Wissenschaft.

Jede Theorie bildet also nur eine Annäherung an die Wahrheit des Unendlichen. Das macht das Ganze natürlich schwierig, sowohl für mich, die ich nach Worten suche, wie auch für dich, wenn du dich in meine Gedankenwelt einliest. Doch eine tiefere Ursache des in diesem Buch beschriebenen Problems der Energiesymbiose sehe ich in der - wie ich glaube - jedem Menschen bewußt oder unbewußt innewohnenden Suche nach der Wahrheit des Spirituellen Geistes oder genauer in den Mißverständnissen und Verstrickungen, die auf dem Weg zur Wahrheit entstehen können. In diesem Sinne mag die trockene Theorie vielleicht eine Landkarte werden, die die notwendige Orientierung bietet.

Sehen wir uns nun als erstes die vier Ebenen der kosmischen Energie an:

Alles kommt aus dem Einen

Der gesamte Kosmos ist ein Meer aus reiner Energie. Materie ist nur ein bestimmter *Aggregatzustand* dieser Energie, die jederzeit wieder in den energetischen Urzustand zurückgeführt werden kann. Alles im Universum ist also aus dieser Urenergie entstanden und ist mit dieser auch stets verbunden. Das kosmische Geschehen ist ein Werden und Vergehen von Formen, die aus der Urenergie herausgewirbelt und von ihr wieder eingesogen werden.

Diese Energie ist in ihrer subtilsten Erscheinung reines Bewußtsein ohne Differenzierung, Bewegung und Form (Urpotential), oft auch als das spirituelle Licht des kosmischen Geistes bezeichnet. Im Menschen spiegelt sich dieses Licht im Höheren Selbst.

Die stärker differenzierte Energieebene ist die astrale Sphäre, im Menschen die Seele, das Vehikel der vielfältigen Inkarnationen.

Der nächste Grad der Verdichtung der Energie führt zum menschlichen Geist (Intellekt), der Träger der bewußten Persönlichkeit ist. Diese Sphäre ist beim Menschen die mentale Ebene des denkenden Geistes. Der menschliche Geist enthält den Plan für die materielle Form und erschafft auf dieser Basis den physischen Körper, der in seiner materiellen Erscheinung sichtbar wird. Die Sphäre des Geistes beinhaltet auch den genetischen Code, der die sichtbare, materialisierte

Form von Lebewesen festlegt. Unsere vierte Ebene ist der grobstoffliche menschliche Körper. Er ist von einem feinstofflichen Energiefeld, der Aura, besser von verschiedenen Auraschichten umgeben. Diese kannst du dir als verschieden dichte Energieschichten vorstellen, die aber nicht einfach aufeinanderliegen, sondern die einander gegenseitig durchdringen. Es handelt sich um Schwingungsfrequenzfelder jener subtilen Urenergie, die unterschiedlich schnell vibrieren. Jene, die weiter vom Körper entfernt erscheinen, sind feiner und haben eine höhere und durchdringendere Schwingung, als die, welche dem Körper am nächsten sind.

Ich unterscheide vier grundlegende Seins- oder Energieebenen, die sich in weitere Schichten unterteilen lassen, was für unsere Betrachtung jetzt jedoch nicht von Bedeutung ist. Die Ebenen befinden sich in ständigem Wandel und sind in allem, was ist, stets vorhanden, sowohl im einzelnen Menschen wie im gesamten Universum. Die Ebenen und ihre Wirklichkeit lassen sich in faszinierender Weise mit der *Urknall-Theorie* zur Entstehung des Universums verbinden. Die folgende Übersicht zeigt dies im Großen wie im Kleinen (Wie oben, so unten.).

1. Die Ebene des Potentials

Diese Ebene besteht aus dem Urpotential und dem Schöpfungsimpuls, dem erschaffenden Geist der Spirituellen Ebene. Der Urgrund, die unendliche Urenergie, wird auch oft einfach als Licht bezeichnet. Das Licht ist Energie, die nicht differenziert ist, die weder Bewegung noch Form hat und es ist gleichzeitig die Quelle aller Erscheinungen der anderen Ebenen.

Der Urgrund des Ungeformten

Dies entspricht dem Zustand des Universums vor dem Urknall, also vor seiner Geburt. Physiker haben ausgerechnet, daß das reine Potential beliebige Universen von beliebigen Formen und in beliebiger Anzahl entfalten kann, was einen Einblick in die enorme Kraft gibt. Angenommen, wir könnten einen Kubikzentimeter des Urpotentials hernehmen, um seinen Inhalt mit Hilfe der Formeln der Quantenphysik zu berechnen, so müssen wir feststellen: Alles, was jemals sein könnte, steckt in dem Kubikzentimeter als Quantenpotential (Quanten sind winzige Lichtportionen). Der Schöpfungsimpuls hingegen entspricht der Bildung eines winzigen, extrem massereichen Teilchens. Es ist also der erste Schritt, wo etwas aus dem Urpotential entsteht. Dies ist Bestandteil der Urknall-Theorie über die Entstehung unseres Universums.

Der erste Impuls, das Potential zu formen

Es gab also einen ersten Anstoß, aus der Urenergie ein Teilchen zu bilden. Dieses wuchs nach den Berechnungen der Kosmologen in kurzer Zeit zu einem feurigen Ball heran, in dem bereits komplexe chemische Strukturen erzeugt wurden, die aber noch sehr gleichförmig verteilt waren, also keine bunte Vielfalt in Einzelbereichen.

Die moderne Physik geht davon aus, daß in jedem Atom und in jeder Zelle ein Licht- oder Energiequantum aus jener Anfangsphase steckt. Dies deckt sich mit den alten spirituellen Lehren der Menschheit, wo es heißt, daß das *Licht Gottes* in allem ist. Mit der ersten Bildung eines Teilchens aus der kosmischen Urenergie ist der Anstoß zu einer fortschreitenden Differenzierung in einzelne Energiefelder und Formen gegeben worden. Die Idee eines Universums erfährt nun also ihre stufenweise Umsetzung in vielfältige Erscheinungsformen. Auf der spirituellen Ebene existieren überpersönliche, spirituelle Kraftfelder (auch Gottheiten, Engel usw. genannt), die keine unmittelbar selbstbezogene Motivation des Ausdrucks besitzen. Auf dieser Ebene existiert der Begriff Individuum nicht. Das Höhere Selbst des Menschen (das spirituelle Bewußtsein) ist daher auch nicht mit dem persönlichen Ego zu verwechseln. Es ist untrennbar mit dem Ganzen, mit dem Urgrund, der Urquelle allen Seins, mit dem spirituellen Geist des Kosmos, verbunden und daher zum alle Grenzen überschreitenden Mitgefühl, zu Weisheit und Liebe fähig.

2. Die astrale Ebene

Die astrale Ebene ist ein Bereich von organisierten Energiefeldern, die eine tiefere Schwingungsfrequenz haben, als die der ersten Ebene. Sie sind jedoch sehr instabil und wandlungsfähig. Der kosmologischen Theorie des Urknalls folgend, entspricht diese Ebene der Phase des expandierenden Feuerballs, in welcher sich Strahlung und Materie entkoppelten, um fortan getrennte Wege zu gehen. Ein großer Teil der Energie wurde zu Materie. Die Expansion des Raumes verlangsamte sich. Erste Sterngenerationen und Galaxien bildeten sich, lösten sich auf und bildeten wieder neue Sterne und Planeten.

Die Fortsetzung der Differenzierung

Auf dieser Ebene findet eine weitere Aufsplitterung der Urenergie in Einzelfelder statt, die jeweils eine bestimmte Form und Funktion haben. Demnach existieren auf der Astralebene Individuen (menschliche oder nichtmenschliche Wesen), die ganz bestimmte eigene Vorstellungen, Wünsche und Triebe haben und diese zu verwirklichen suchen.

Hier finden wir Seelen von Verstorbenen, wie auch unsere eigene Astralseele auf dieser Ebene weilt. Die Astralebene ist das wandelbare Reich der Psyche, der Seele, unserer flüchtigen Gefühlswelt und unseres Unbewußten.

Die menschliche Seele ist das Fahrzeug für die vielfältigen Inkarnationen, d.h. für die Erscheinungen ihrer spezifischen Energie auf der materiellen Ebene. Sie hat die Eigenheit, energetische Informationen in beliebiger Menge als Bilder zu erzeugen und abzuspeichern, die als Vorgabe für sichtbare Erscheinungen (Inkarnationen) auf der materiellen Ebene dienen.

3. Die mentale Ebene

Die mentale Ebene oder beim Menschen der Bereich des Intellekts ist die Welt der bewußten Verstandes- und Gedankentätigkeit. Hier finden sich strukturierte Energiefelder, deren wiederum langsamere Schwingungsfrequenz größere Stabilität und Formhaftigkeit besitzt als die astralen Energien. Die mentale Ebene enthält den Plan für die konkreten Formen, die sich auf der materiellen Ebene sichtbar zeigen.

Kosmologisch verbinde ich diese Ebene mit der Phase, in der sich der genetische Code und die Bausteine für das

Leben, d.h. lebendige, sich reproduzierende Moleküle und Zellen bildeten, deren chemische Prozesse innerhalb einer Zellwand stattfinden: Die ersten einzelligen Organismen waren geboren. Ihr Stoffwechsel sorgte über Jahrmillionen hinweg für die allmähliche Bildung einer großen Zellwand, nämlich der Erdatmosphäre, die den gesamten Planeten umgibt. Danach konnten immer größere Zellverbände entstehen, die höhere Organismen, wie auch uns Menschen, bildeten. Erst der strukturierte Verbund von Zellen schafft die Formenvielfalt der Lebewesen.

Der menschliche Geist

Zur mentalen Ebene gehört die Gedankenenergie des menschlichen Geistes. Denken ist ein auf Sprache aufgebauter Prozeß. Diese wiederum ist Symbol einer bestimmten Kultur und sozialen Form menschlichen Zusammenlebens. Sprache ermöglicht differenzierte Verbindungen und Austausch. Der Verstand funktioniert linear und bildet klar aufgebaute Energiefelder aus, die eine planvolle Umsetzung ins Materielle ermöglichen.

Auch der genetische Code ist eine Art Sprache, ein festgelegter Text aus vier „Buchstaben" bestehend, die sich mannigfaltig kombinieren. Veränderungen im Text bringen Mutationen und veränderte Lebewesen hervor, und der menschliche Geist versucht nun auf dieser unteren Gestaltungsebene gentechnisch einzugreifen und Veränderungen zu erschaffen.

4. Die materielle Ebene der sichtbaren Erscheinungen

Die Erscheinung der materiellen Welt

Die größte Verdichtung und Verlangsamung ihrer Schwingung findet die Urenergie auf der materiellen Ebene. Sie war im Prinzip schon mit der Bildung der ersten chemischen Elemente unseres Universums vorhanden; die Materie, die Neigung (des Urpotentials zu Entfaltung) war von Anfang an da, doch ihre Form ändert sich beständig.

Dies ist beim Menschen der Bereich des stofflichen Körpers und der Empfindungen der physischen Sinne. Der stoffliche Körper des Menschen und aller anderen Lebewesen endet mit dem Tod. Diese spezielle Form unterliegt der Zeitlichkeit. Zeit ist eine Auswirkung der Erscheinungen der materiellen Ebene. Zeit als solche existiert eigentlich nicht, aber wir empfinden Zeitlichkeit in dem ewigen Wandel der festen Formen. Alle materielle Form, gleich ob es sich um Stein, Pflanze, Tier oder Mensch handelt, hat eine Differenzierung und Verdichtung über diese Ebenen erfahren und ist vom Spirituellen Geist des Kosmos und von der Energie des Uranfangs durchdrungen. Die gelebte oder gespeicherte Erfahrung der materiellen Ebene hingegen gibt ihr Feedback an die Urquelle zurück, und so erweitert sich das absolute Bewußtsein des Spirituellen Geistes ständig.

Die vierfache Essenz des Menschen

Ein inkarnierter Mensch existiert auf vier Ebenen oder Sphären: Auf der spirituellen, auf der astralen, auf der mentalen und auf der materiellen Ebene.

Der physische Körper bildet die stärkste Verdichtung der Energie. Er ist im Prinzip auch ein Lichtkörper, wie der mentale, astrale und spirituelle, der jedoch durch die Verlangsamung seiner Schwingung eine Fixierung erhält. Der materielle Körper schirmt uns also auch ab vor der Flut der feineren Energieimpulse der anderen Ebenen. Im festen Körper sind wir relativ geschützt. Alle irdischen Abläufe funktionieren in der Zeit und sind in überschaubare Sequenzen unterteilt, weil wir mit den physischen Sinnen ständig nur einen kleinen Teil der Energiewirklichkeit wahrnehmen.

Der physische Körper begrenzt und schützt

Verkörperte Wesen einer Art können aufgrund ihrer Gleichartigkeit miteinander kommunizieren. Dies geschieht jedoch nicht erst durch den Körper, sondern bereits durch die Energieebenen (mentaler Geist, astrale Seele, spirituelles Selbst), die beispielsweise bei allen Menschen gleichartig aufgebaut sind. Wir stehen auf allen vier Ebenen ständig in Kontakt miteinander, auch wenn uns dies im allgemeinen nicht bewußt erfaßbar wird.

Im feinsten spirituellen Bereich gibt es, je subtiler die Schwingung wird, zunehmend weniger Spezialisierungen in Individuen. Ich spreche daher von überpersönlichen Kraftfeldern, die keine personenbezogenen oder egozentrischen Impulse mehr repräsentieren. Dieses Feldpotential besitzt auch jeder Mensch in seiner Anlage, doch nicht alle bilden dieses Potential bewußt aus und lassen es in ihrem Leben sichtbar werden.

Das folgende Kraftzeichen bildet den spirituell erwachten Menschen ab. Es zeigt ihn innerhalb der persönlichen Sphäre seiner Aurahülle. Die Strahlen oberhalb des Kopfes symbolisieren die Verbindung zum überpersönlichen, spirituellen Bereich.

Der spirituell erwachte Mensch

Die mentale (rationale) und astrale (psychische) Ebene eines Menschen bilden zusammen seine Persönlichkeit, die sich in der Materie durch den physischen Körper ausdrückt. Die Persönlichkeit ist also zwangsläufig immer individuell spezialisiert und daher begrenzt. Diese Begrenzung macht sie jedoch auch unverwechselbar und einzigartig.

Die spirituelle Ebene eines Menschen steht über dieser persönlichen Ausrichtung. Sie ist im menschlichen Bereich dem Kollektiv zugewandt und kultiviert Werte, die die Gesamtheit der Menschen einschließen, wie Mitgefühl und All-Liebe. Drei der menschlichen Ebenen sind also feinstoffliche Energiebereiche, und die materielle Ebene, die wir gern als die einzige Realität betrachten, ist nur das Produkt feinstofflicher Vorgänge. Was wir von einem Gegenstand, Lebewesen oder der Welt, in der wir leben, mit unseren fünf Sinnen erfassen, ist nur die Spitze des Eisbergs oder die *explizite* (auseinandergefaltete) sichtbare Ordnung der Welt, während in dieser Ordnung eingefaltet die *implizite*, für die Augen

Drei der menschlichen Ebenen sind unsichtbar

unsichtbare Ordnung waltet, die wiederum von der *supra-impliziten Ordnung* oder dem was ich als Spirituelle Ebene bezeichnen würde, überlappt wird.

Die Begriffe der expliziten, impliziten und supra-impliziten Ordnung stammen von dem Physiker David Bohm. Auf unser Grundschema der Ebenen übertragen, entspricht die supra-implizite Ordnung der Ebene des Potentials oder des Bewußtseins des Spirituellen Selbst im Menschen. Die implizite Ordnung besitzt Richtung und Form, die sich in zahllosen Energiefeldern strukturiert.

Die astrale und mentale Ebene sind zwei komplementäre Ausdrucksweisen der impliziten Ordnung, im Menschen entsprechen sie Gefühl und Verstand. Die explizite Ordnung bildet die implizite Ordnung sichtbar ab, sie faltet sie auseinander. Dies ist beim Menschen der Körper, wie auch sein ganzes Leben, das er in diesem Körper führt, denn alles was wir tun, ist direkter Ausdruck unserer Gedanken und Gefühle. Die vierfache Essenz des Menschen läßt sich in folgendem Schema darstellen:

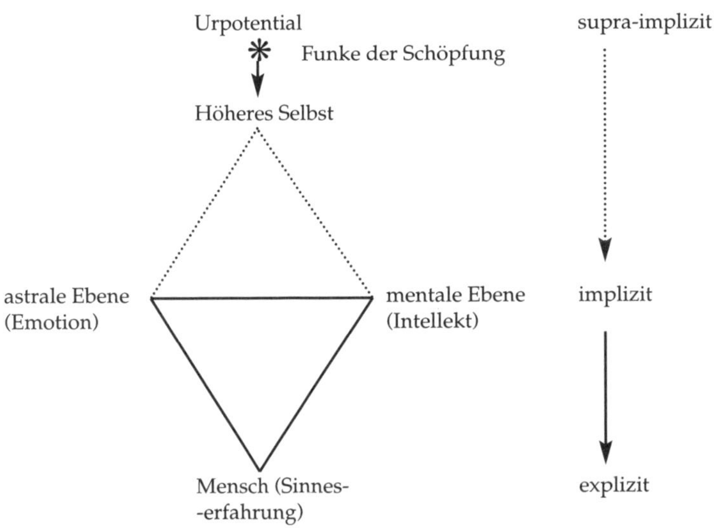

Das Höhere Selbst kommt aus dem Urpotential hervor, erschafft astrale und mentale Strukturen, die dann auf der materiellen Ebene als Mensch sichtbar werden. Wenn ein Mensch keinen Kontakt zum Höheren Selbst hat, dann ist für ihn nur das nach unten weisende Dreieck erfahrbar. Er funktioniert im Spannungsfeld von Gefühl, Verstand und sinnlicher Erfahrung, was zur Folge hat, daß er in seinem Leben die Dynamik eines scheinbar vorprogrammierten Schicksals (nämlich der impliziten Ordnung) wahrnimmt, das beständig nach außen zur Verwirklichung drängt und auf das keinerlei Einfluß besteht.

Der Schöpfer dieses Schicksals ist jedoch das Höhere Selbst, das die irdischen Erfahrungen aufnimmt und davon beeinflußt wird. Alle Erfahrungen eines Menschen fließen zurück in die Urquelle des kosmischen Geistes. Es geht also nichts verloren, und was nicht erlöst wird, wird auch nicht vergessen. Dies ist das karmische Gedächtnis (Erinnerungen aus früheren Leben), auf das ich in einem späteren Kapitel noch genauer eingehe.

Die Entwicklung hin zum Höheren Selbst

Ohne Beziehung zum Höheren Selbst, ohne Rückverbindung zum göttlichen Wesenskern, kann ein Mensch sein Schicksal nicht wirksam beeinflussen. Die implizite Ordnung aus Gedanken und Gefühlen bestimmt sein Leben. Die Verbindung zum Höheren Selbst ist ein Entwicklungsprozeß, der den Menschen von dem Spannungsfeld Gefühl-Verstand-Sinneserfahrung insoweit befreit, als er eine andere Wahrnehmungposition diesen drei Faktoren gegenüber entwickelt.

Sie werden dann zuerst als sinnhafter Ausdruck des Höheren Selbst erkannt, dessen tiefere Bedeutung der Mensch in einer weiteren Stufe zu entschlüsseln versucht. Dies ist dann die Phase, wo oft karmische Zusammenhänge sichtbar werden. Wird der Sinn angenommen und das Höhere Selbst als Schöpfer erlebt, dann erst kann auch gezielt Einfluß auf die implizite Ordnung (das Schicksal) genommen werden.

Dies ist die Befreiung vom *karmischen Rad des Schicksals*, die uns jedoch nicht von den Funktionen des unteren Dreiecks (Gefühl, Verstand, Sinneserfahrung) befreit, sondern uns lediglich Macht und kreative Kraft über diese Funktionen verleiht. Bedeutsam ist, daß diese drei Faktoren dann tatsächlich als Funktionen des Höheren Selbst wahrgenommen werden, deren Eigendynamik dadurch an Macht über uns verliert. Wir sind daher weder den Gefühlen, noch dem Verstand oder sinnlichen Erfahrungen völlig ausgeliefert. Dies ist die Wahlfreiheit des Menschen, von der viele Religionen berichten. Wenn ein Mensch die Rückverbindung zum Höheren Selbst erlangt hat, kann er in der Tat frei wählen und selbst bestimmen, welchen Ausdruck er seinen Trieben und Begierden gibt, und ist nicht länger der Spielball fremder Mächte.

Die astrale Nabelschnur im zwischenmenschlichen Bereich gehört zum unteren Dreieck des beschriebenen Schemas. Sie basiert auf Anhaftung an den drei Faktoren, die das nach unten (zur Erde oder materiellen Seite) weisende Dreieck bilden. Sie dient als Versuch, von unten her auf die implizite Ordnung direkt und bestimmend einzuwirken. Ohne die Einbeziehung des Höheren Selbst, das ja der eigentliche Schöpfer ist, muß dieser Versuch jedoch zwangsläufig fehlschlagen. Die rein mentale (denkende) oder astrale (gefühlsbetonte) Sicht der Dinge wird immer enger und begrenzter sein und sich auf das jeweilige Entwicklungsspektrum dieser beiden Funktionen beziehen.

Der wirklich intelligente und kreative Weg von Evolution kann nur über das Urbewußtsein, das eine allumfassende Sichtweise besitzt, eingeschlagen werden. Dieses Bewußtsein ist allen Menschen unabhängig von äußeren Faktoren (Intellekt, Entwicklung, Reife usw.) zugänglich und äußert sich oft als „zufällige“ Eingebung.

Energetische Kommunikation

Eine Energieverbindung ist ein von der Aura ausgesandter Biophotonenstrom. Photonen sind winzige Lichtmengen (Quanten), die sowohl Teilchen- wie auch Wellencharakter haben und physikalisch nachweisbar und meßbar sind; Biophotonen deshalb, weil sie von einem lebendigen Wesen ausgesandt werden. Ich gehe beim Photonenstrom vom Bild

Biophotonenströme übermitteln Information

eines Lichtbandes oder Strahles aus, der vielfach mit dem inneren Auge oder von Aurasichtigen sogar im Außen geschaut wird.

Auch die Körperzellen sprechen über Energieverbindungen miteinander

Diese feinen Lichtquanten bilden den Informationsaustausch zwischen den Körperzellen. Körperliche Funktionen werden nicht nur chemisch, sondern auch über ein feines Energiesystem gesteuert. Genau wie unsere Zellen über feinste Energieverbindungen miteinander kommunizieren, so *unterhalten* sich auch unsere Energiekörper mit den Energiekörpern von anderen Menschen (Tieren, Pflanzen und sogar Steinen...).

Eine zwischenmenschliche Energieverbindung besteht also schon, bevor das erste Wort gesprochen wird. Die spontane Sympathie oder Antipathie braucht keinerlei materielle Ansatzpunkte. Sie basiert auf den Informationen, die über das körpereigene Energiefeld aufgenommen werden. Ein Augenblick genügt und beide Personen wissen Bescheid. Dieses Wissen bezogen sie über eine unsichtbare Energieverbindung. Nachdem auch die Zellen eines Körpers über ein Energieleitsystem kommunizieren, leuchtet es ein, daß ein energetischer Einfluß auf dieses System auch auf die Zellen und die körperlichen Funktionen einwirkt.

Normalerweise regeneriert sich das ganze System sofort wieder, wenn Unregelmäßigkeiten auftreten. Doch durch massive und langfristige Einflüsse kann es geschehen, daß sich die Einwirkung auch körperlich manifestiert. Dies gilt sowohl für störende, wie auch heilende Einflüsse.

Unser Interesse gilt im weiteren vor allem den astralen, also den psychischen, Verbindungen. Die Astralebene ist uns im allgemeinen unbewußt, obwohl wir auch dort verkörpert sind und der Astralkörper sich in dieser Schwingungsebene bewegt. Normalerweise befindet sich der Astralkörper in der Nähe des physischen Körpers, da er mit ihm verbunden ist und der physische Körper durch seine langsame Schwingung auf der materiellen Ebene fixiert ist. So wie wir physisch Kontakt aufnehmen, so ist es möglich, mental (gedanklich), astral (seelisch) oder spirituell (überpersönlich) zu kommunizieren. Jede dieser Ebenen hat ein eigenes Schwingungsmuster, eine eigene Frequenz, auf der sie sendet. Wie die Zellen, so kommunizieren auch unsere Auraschichten über feinste Photonenströme miteinander. Dabei werden die unterschiedlichen Frequenzen über die Chakras angeglichen.

Eine astrale Information z.B., die in den Mentalkörper (rationales Bewußtsein) übermittelt werden soll, wird zuerst in den Chakras in mentale Signale übertragen. Dann kann sie vom Bewußtsein aufgenommen werden. Dies ist auch der Grund, warum wir manchmal ein unbestimmtes Gefühl zu einem Sachverhalt haben und erst später eine rationale Erklärung geben können. Es braucht, je nach Durchlässigkeit und Funktionstüchtigkeit der Chakras, eine Weile, bis die astrale Information übersetzt ist. Und noch länger dauert es, bis spirituelle Informationen unser mentales Bewußtsein erreichen, weil diese gleich zwei Schwellen durchlaufen und also auch zweimal übersetzt werden müssen. Dabei können in den Chakras Übersetzungsfehler auftreten, die die Information verzerren bzw. hat die Sprache der gröberen mentalen Ebene nicht genügend Wortschatz, um die, oft symbolhafte, spirituelle Information korrekt wiederzugeben.

Die Chakras sind Empfangszentren

Wenn die Information die Schwelle zur astralen Schicht passiert, kann sie z.B. mit persönlichen Emotionen überfrachtet werden, die eine Mitteilung aus dem Höheren Selbst so sehr überdecken können, daß sie dem Bewußtsein nicht mehr erkennbar ist.

Ebenso kann ein astraler Einfluß, der immer auch eine emotionale Ladung aufweist, als Störsender fungieren. Die Energieform der astralen Nabelschnur mag so zur massiven Beeinflussung der Entfaltung des Höheren Selbst eines Menschen werden. So werden oft alle seine Anstrengungen, das zu werden, was er vom Kern her ist, durch unbewußte psychische Beeinflussung nahestehender Menschen außer Kraft gesetzt.

Astrale/emotionale Einflüsse als Störsender

Die Energieverbindungen unterscheiden sich nicht nur durch das Schwingungsmuster, sondern auch inhaltlich. Mentale Energiebänder setzen ein bewußtes Wollen und Streben voraus und enden, sobald das Bestreben im Bewußtsein aufhört. Sie unterliegen weitgehend dem Willen und

Mentale Verbindungen unterliegen dem Willen

sind leicht zu koordinieren. Eine mentale Verbindung entsteht z.B. bei dem Versuch, Gedanken zu übertragen.

Astralbänder sind unbewußt

Astrale Bänder sind normalerweise (zunächst einmal) unbewußt, sowohl dem Absender wie dem Empfänger. Sie bilden sich unbeaufsichtigt und oft ungewollt und unterliegen vor allem unseren Emotionen. Astrale Einflüsse finden wir z.B. überall dort, wo eine Sache vom Verstand aus völlig klar ist, wir aber vom Bauch aus ganz anders handeln oder empfinden.

Die Seele, ist eine viel feinere und umfassendere Energieform als der rationale Geist. Demzufolge sind auch astrale Bänder schwieriger zu lösen als mentale, die dem bewußten Denken unterliegen. Oft ist die Energieverbindung auch eine Mischung aus bewußten und unbewußten Impulsen.

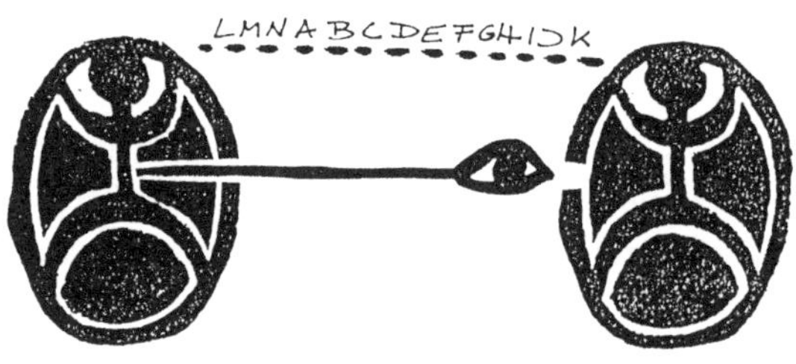

Psychisches Anpeilen

Die Abbildung zeigt eine mentale Verbindung, die bereits ein psychisches Anpeilen erzeugt. Der Sender des Energiebandes hat hier ein besonderes Interesse, tiefer in die Sphäre der anderen Person einzudringen.

Zuletzt gibt es auch noch spirituelle Energieverbindungen, die jedoch auf keinerlei persönlichen Interessen mehr beruhen. Sie bilden eine Art Kommunikationskanal innerhalb einer Spezies oder von Höherem Selbst zu Höherem Selbst oder auch zu anderen, nichtmenschlichen spirituellen Kraftfeldern und Entitäten. Ihr Vorhandensein entzieht sich dem Einfluß und meist auch dem Verstehen, zu dem das persönliche Ego fähig ist. Sie stellen eine Offenbarung göttlichen Willens dar und verbinden Menschen, die weit über ihr persönliches Wollen hinaus, miteinander bestimmte Aufgaben zu erfüllen haben. Sie können auch zwischen Menschen auftreten, deren Zusammentreffen innerhalb einer Inkarnation für die beteiligten Seelen eine wichtige Entwicklungslektion bedeutet.

Spirituelle Verbindungen sind überpersönlich

Von diesen Bändern geht jedoch kein negativer Zwang aus und sie können auch nicht für persönliche, egoistische Interessen mißbraucht werden, so wie astrale oder mentale Energieverbindungen. Spirituelle Bänder sind frei von jener Besessenheit und Gier, wie die astrale Nabelschnur sie häufig aufweist. Sie sind am ehesten vergleichbar mit dem Begriff *Bestimmung*, denn sie beinhalten den vorgeburtlichen Plan des Lebenswegs, der z.B. zu einer bestimmten Zeit im Leben das Treffen mit einer bestimmten Person vorsieht. Spirituelle Bänder sind überpersönlich. Sie dienen der direkten Übermittlung von höherer Erkenntnis und Bewußtsein, werden aber erst aktiviert, wenn von den tieferen Ebenen ein Impuls dazu erfolgt, wenn der Mensch sich, gemäß seines freien Willens, von selbst öffnet und empfänglich für diese Inhalte wird.

Das Erleben der Ganzheit ist im Spirituellen Selbst angelegt

Sowohl über die äußersten und feinsten Auraschichten auf der spirituellen Ebene, als auch über die kleinsten Energiequanten in unseren Zellkernen, sind wir mit dem Urgrund der Energie und folglich auch mit allem, was ist, verbunden. Dort lagert unser Wissen um die Entstehung des Universums, sowie die Erkenntnis anderer Wirklichkeiten in höheren Dimensionen und von allem, was jemals sein könnte.

Es gibt seltene Augenblicke im Leben, wo das Bewußtsein imstande ist, sich in diese Ebene hinein auszudehnen. Das sind dann Momente der Erleuchtung und des mystischen Erlebens einer Ganzheit, die wahrhaft allumfassend ist. In diesen Momenten existiert keinerlei persönliche Differenzierung mehr. Die Seele ruht im unbewegten Sein des kosmischen Geistes, der ausschließlich beobachtet, was seine kreative Energie erschafft. Auf dieser Ebene gibt es ebensowenig persönliche Grenzen wie äußere Einflüsse mehr. *Alles ist eins.* Diese Möglichkeit und Erkenntnis des All-Eins-Seins sollten

Das Höhere Selbst ist unverletzlich

wir bei der gesamten Problematik von astraler Macht, energetischen Übergriffen, Grenzziehung und Schutz immer im Auge behalten. Das, was wir schützen oder erlösen können, wenn wir unser individuelles Energiefeld abstecken, ist nur ein Splitter des Ganzen auf den stärker differenzierten Ebenen des Seins. Denn: Auf der höchsten spirituellen Ebene ist ein individuelles Selbst völlige Illusion. Dort sind wir selbst mit unserem wildesten Widersacher eng verbunden. Nur ist er dort kein Widersacher mehr, denn er entstammt derselben göttlichen Urquelle wie wir auch und wie alles, was ist.

Im Urgrund aber existiert keine Spaltung, keine Polarität. In der absoluten Einheit brechen alle Gesetze der Physik zusammen. Unsere Verbindung zur Urquelle ist die einzig wahre und unsterbliche Beziehung, die wir haben und die keine bloße Erscheinung ist, die nach einer Weile wieder verschwindet. An dieser Verbindung nehmen wir alle teil und sind fortdauernd in Beziehung, ganz egal, wo wir uns räumlich im Universum befinden. Dies ist das Bewußtsein der eigentlichen Ganzheit, des Heilseins. Diese Tatsache wird später noch wichtig, wenn es um die Auflösung der psychischen Bänder geht.

Doch kehren wir nun wieder zurück auf den Boden der irdischen, persönlichen Sphäre, die gleichwertig zum reinen, kosmischen Bewußtsein als Ausdruck seiner Kreativität existiert, und tauchen wir ein in die Welt der Gefühle und der zwischenmenschlichen Energieverbindungen.

Beziehungen und Besitzergreifung

In diesem Buch geht es um die machtvolle bis übermächtige Energieverbindung, die, solange alles gutgeht, als machtvolle Liebe wie auch in der negativen Form als (rach-)süchtige Abhängigkeit vorkommt. Meist sind beide Pole Inhalt eines übersteigerten psychisch-energetischen Kontaktes, und oft beginnt eine Beziehung als mächtige Liebe und endet in Abhängigkeit und Machtausübung. Am Beginn einer solchen Verbindung steht immer eine physische Kontaktaufnahme, verbunden mit Sympathie oder Liebesgefühl. Eine abhängige Verbindung kann nach längerem Bestehen von Haßgefühlen durchsetzt sein, doch auch hier ist die Ursache einst Sympathie gewesen.

Grundlage ist Sympathie

Auch braucht ein solches Band eine soziale Basis, den Wunsch nach Freundschaft oder Partnerschaft oder ein sonstiges emotionales Interesse, das eine konkrete Grundlage des Austausches bildet. Von Menschen, die uns völlig egal sind, werden wir weder abhängig, noch knüpfen wir einen dauerhaften Energierapport. Ein Rapport ist ein Meldebericht. In unserem Fall gibt der Energierapport der astralen Nabelschnur Meldung über die Befindlichkeit der verknüpften Person. Dabei werden im Extremfall ständig Gefühle und Gedanken übertragen.

Auf diese Weise beginnen natürlich alle Beziehungen, Freundschaften und Partnerschaften. Es gibt jedoch einen signifikanten Unterschied zwischen einer gesunden Beziehung und einer Beziehung, die auf einer astralen Nabelschnur beruht: Die gesunde Beziehung wird von Liebe und Achtung getragen. Auch hier gibt es Energieverbindungen zwischen den Menschen, doch sie dienen einem freiheitlichen Geben und Nehmen, das weder einseitig, noch fordernd oder verpflichtend ist. Die Energieverbindungen einer gesunden Partnerschaft nähren und pflegen die Beziehung im direkten Austausch und verblassen nach dem physischen Kontakt wieder. Sie halten die beiden Partner nicht zwanghaft gebunden. Und doch sind diese flexiblen Verbindungen außerordentlich haltbar. Was ist das Geheimnis einer glücklichen Partnerschaft?

Achtung und Liebe tragen die gesunde Beziehung

Unabhängig vom Charakter und der Persönlichkeit ist ein Hauptfaktor das gegenseitige Loslassen in Liebe. Es ist wichtig, daß die Polarität, die sich aus der persönlichen Einzigartigkeit der beiden Menschen ergibt und die die Spannung in der Beziehung aufrechterhält, bestehen bleibt. Das bedeutet Respekt und Achtung vor der anderen Seele und deren ureigenster Entwicklung.

Zuneigung und Liebe ohne Verletzung
der persönlichen Grenzen

Das Bild zeigt beide Persönlichkeiten uneingeschränkt in ihrer unverletzten Aurahülle, einander zugeneigt in der höheren Oktave der Liebe, die über rein persönliche Begierden hinausreicht. Die beiden Partner sind, was ihr individuelles Sein angeht, unabhängig voneinander. Die Basis dieser Liebe und Zusammenkunft ist freiwillig und wird von den Beteiligten oft als tiefes, ruhiges Gefühl von Verbundenheit empfunden.

Eine solche Paarbeziehung ist frei von Besitzergreifung. Das Verbundenheitsgefühl schafft interessanterweise ein hohes Maß an psychischer Distanz, so daß beide sich selbst und ihre Handlungen auch reflektierend betrachten können. Dadurch werden Konflikte entschärft und psychische Projektionen vermindert. Dabei ist es nicht so, daß es dieser Beziehung an Leidenschaft mangelt, aber die Partner bestimmen bewußt über ihre Gefühle und nicht die Gefühle über sie.

Macht und Gier sind Bestandteile der abhängigen Beziehung

Die ungesunde psychisch-energetische Verbindung verrät sich durch ein deutliches Machtgefälle und massive psychische Umklammerung, und oft ist sie das Ergebnis des ohnmächtigen Ausgeliefertseins an die eigenen Gefühle. Diese Betrachtungen beziehen sich auf die Energieebene. Mit Macht meine ich also nicht eine gesellschaftliche Stellung, sondern das psychische Machtpotential eines Menschen. Es differiert von Mensch zu Mensch, ebenso wie die individuellen Machtbedürfnisse. Da gibt es beispielsweise den aufgeblasenen Typ, dessen Aurakörper aufgebläht erscheint und der stets nur so strotzt vor Energie. Diesem Typus ist es meist sehr wichtig, groß herauszukommen und innerhalb seines sozialen Umfelds eine bestimmte Rolle zu spielen.

Das stille Wasser hingegen ist ein Mensch, der sein Energiepotential nicht zur Schau stellt. Es ist nicht sofort zu erkennen, was in der Person drinsteckt, aber es ist spürbar, daß sich hier ein bestimmtes Potential verbirgt. Die Aura dieses Typus ist lange nicht so raumgreifend wie der aufgeblasene Typ, kann sich aber bei Bedarf ebenso stark vergrößern.

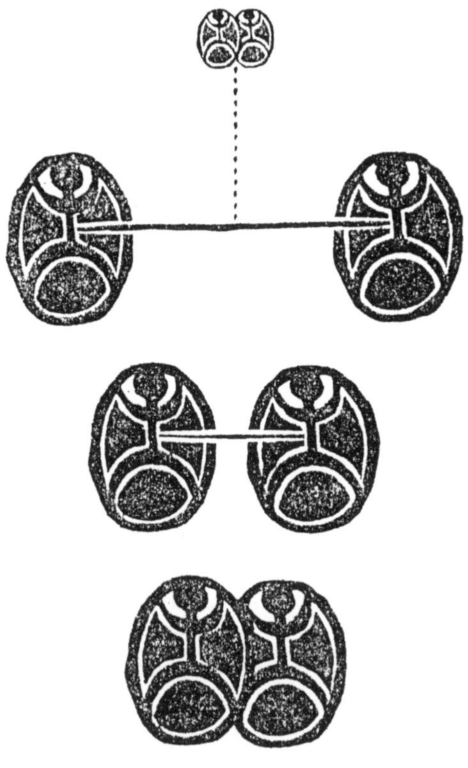

Die romantische Vorstellung des Seelenzwillings
führt zur astralen Verschmelzung

Dies sind nur zwei grobskizzierte Menschentypen, aber in ihnen sehen wir zwei verschiedene Arten von Machtausübung: Einmal als Zurschaustellung, die sich über die andern Menschen stülpt (ganz gleich ob eine gute oder böse Motivation dahintersteckt), und das andere Mal zeigt sich die Macht zurückgenommen bis geheimnisvoll verhüllt, aber stets bereit, vorzustoßen. Es scheint ein ungeschriebenes Gesetz zu sein, daß sich diese beiden Typen magnetisch anziehen müssen. Der Grund liegt in der Tatsache, daß die beiden sich wunderbar ergänzen, sofern sie am selben Strang ziehen. Die laute Art des einen kompensiert die stille Art des anderen. Beide bilden gemeinsam ein Ganzes.

Die astrale Nabelschnur beinhaltet die romantische Vorstellung der Seelenzwillinge, der einander ergänzenden Seelenhälften. Mit der Zeit bildet sich daraus ein enger Dauerrapport. Im Extrem kann ein astraler Zwillingsorganismus entstehen, der die individuellen Persönlichkeiten völlig verwischt.

Diese psychologische Kompensation der beiden vorhin genannten Menschentypen verankert sich mit der Zeit als astrale Nabelschnur am Solarplexus. „Gemeinsam sind wir stark! Allein bin ich nur eine Hälfte!" mag das Motto auf der Fahne der Beziehung sein. Daraus resultiert dann das „Ich brauche dich!" oder schlimmer noch „Ich kann ohne dich nicht leben!". Dann haben beide gegenseitig ihre eigene Ganzheit abgegeben an den Partner. Und dies nicht nur in den äußeren Strukturen der materiellen Welt, sondern auch im mentalen und seelischen Bereich. Grundlage der energetischen Anziehung zweier Menschen ist die Spannung, die durch ihre Verschiedenartigkeit, ihre Polarität, erzeugt wird. Im allgemeinen wird das Andersartige jedoch als Ergänzung verstanden und einverleibt. Diese Illusion von Ergänzung, von Aufhebung der Polarität, schafft jedoch die Abhängigkeit vom Partner. Wenn ich ohne die Ergänzung nur eine Hälfte eines Ganzen bin, dann fehlt mir ohne den anderen etwas.

Die Ergänzung der eigenen Unvollständigkeit durch den Partner

Die astrale Dauerverbindung mag hier als Überbrückung der physischen Abwesenheit dienen. Doch hier sind wir schon mitten in der Machtproblematik des Astralrapports. Die spannungsreiche Andersartigkeit der beiden Seelenpersönlichkeiten wird nicht bestehengelassen. Grund hierfür mag die Angst vor der Unbekanntheit, vor der Fremdartigkeit des Polaren und damit seiner Unberechenbarkeit sein. Vielleicht ist die so erzeugte Spannung unerträglich groß.

Der Energiefluß zwischen zwei Menschen ist vergleichbar dem zwischen zwei elektrischen Polen. Ohne die polare Spannung fließt kein Strom durch die Beziehung. Sie wird langweilig und kraftlos und kreist nur um sich selbst.

Die perfekten Seelenzwillinge sind wie aus einem Guß, beide sind Abziehbilder voneinander. Dabei wird die emotionale Hochspannung des Anfangs, in der die Nabelschnur installiert wurde, auf ein ungefährliches Maß heruntergestutzt. Die gegenseitige Kontrolle erhöht sich und fixiert so beide Pole auch in ihrer seelischen und karmischen Entwicklung aufeinander.

Die stufenweise Bildung einer Energieverbindung

Die meisten Astralbänder haben eine mentale Grundlage, d.h., ein Mensch will ganz bewußt Beachtung, Kontaktaufnahme etc. von jemand anders. Dadurch entsteht ein Gedankenstrom, ein Lichtband gedanklicher Energie.

Telepathie ist keine Seltenheit

Telepathie ist keine so außerordentlich seltene Erscheinung, wie viele glauben. Ich bin der Ansicht, daß sie im Alltag ständig vorkommt, aber zu wenig beachtet wird. Vor allem der kritische Verstand fungiert hier als Filter, indem er dies alles gern als Unsinn abtut. Im Augenblick haben wir noch zu wenig Möglichkeiten zum experimentellen Nachweis, da sehr viele Faktoren als feinstoffliche Filter dienen und die Wahrnehmung dieser Bereiche beeinträchtigen.

Ein mentaler Filter schützt

Ungläubigkeit kann aber auch als mentaler Filter manchen Menschen einen gewissen Schutz bieten vor der angsterzeugenden Auseinandersetzung mit dem Unsichtbaren. Im Kapitel über die Schutzmaßnahmen werden wir sehen, daß mentale Filter ganz bewußt zur Abschirmung hergestellt und eingesetzt werden können. Wird ein gedanklicher Einfluß lange genug geschürt, dann wird er mit der Zeit in die

Das Energieband als *Fühler*

Astralebene gespiegelt, und das astrale Band bildet sich, d.h. der Energieimpuls erfährt eine Ausweitung auf andere Frequenzen. Man kann sich dieses Band wie einen *Fühler* oder Lichtstrahl vorstellen, der aus einem Chakra austritt und Kontakt herstellt zum entsprechenden Chakra des anderen. Je vielfältiger und intensiver eine zwischenmenschliche Beziehung ist, desto mehr Chakras sind miteinander in Kontakt und im Falle eines Dauerrapports ständig *auf Sendung*.

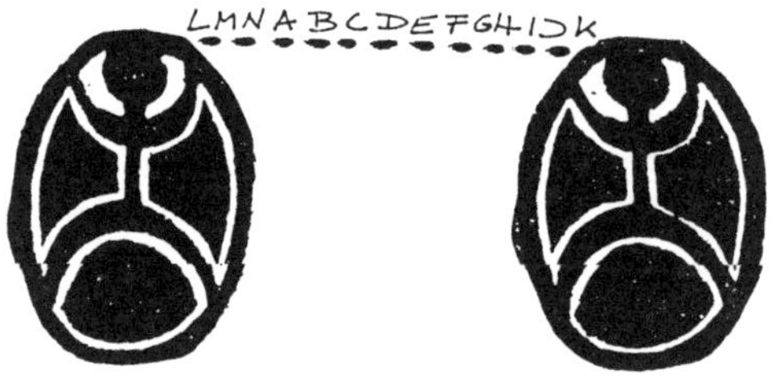

Der telepathische Gedankenstrom

Jene massive Besessenheit, die von einer astralen Nabelschnur ausgehen kann, finden wir jedoch in den höheren Chakras (Herz, Kehlkopf, 3. Auge, Scheitel) nicht, wohl können aber Bänder der oberen Chakras zusammen mit der astralen Nabelschnur auftreten. Dann ist die Funktion dieser Chakras entweder blockiert oder wird überkompensiert. Die astrale Nabelschnur absorbiert dann die Energien der höheren Chakras und zieht sie auf ein rein persönliches Niveau herab.

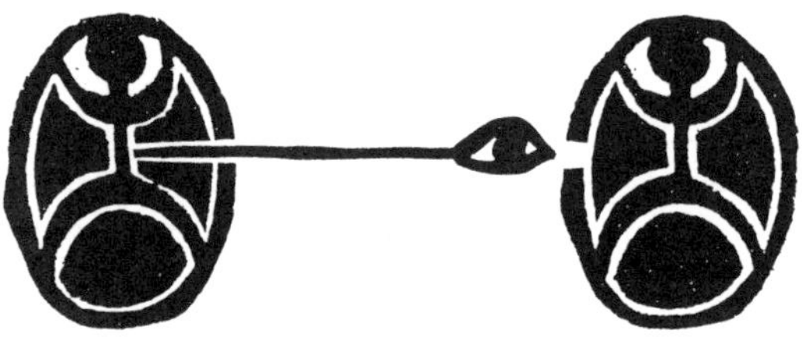

Das emotionale Anpeilen

So kann beispielsweise eine äußerst verwirrende Mischung aus persönlichem Machtinteresse und echtem Herzgefühl oder aus persönlicher Macht und überpersönlicher Spiritualität entstehen. Auch Menschen, die gerade beginnen, ihre höheren Chakras zu öffnen, pendeln häufig hin und her zwischen persönlicher und überpersönlicher Macht (= der höhere Wille des spirituellen Selbst). Für Außenstehende ist es daher manchmal schwierig, die Motivation ihrer Handlungen zu verstehen. Manchmal ist der astrale Zwang deutlich spürbar, dann wieder ganz und gar nicht.

So unterschiedlich auch die bewußten oder unbewußten Antriebe sein mögen, die Bildung eines Dauerrapports läuft immer in derselben Art und Weise ab:

Die drei Stufen der Rapportbildung

Stufe 1 ist der physische Kontakt, eine Erfahrung also, aus dem sinnlich-wahrnehmbaren Erleben, sei es ein Treffen, ein Telefongespräch oder ein sonstiger direkter Kontakt.

Stufe 2 ist die gedankliche Kontaktaufnahme, bloßes Drandenken bis hin zum gewollten telepathischen Anfunken. Dabei kann eine mentale Verbindung installiert werden, sofern sie lange genug aufrechterhalten wird und sofern die andere Person ihr Einlaß gewährt (was in der Regel ganz unwillkürlich geschieht) und Resonanz bietet.

Stufe 3 ist dann die astrale Verbindung, die entsteht, wenn der Mentalkontakt lange genug aufrechterhalten wurde. Man könnte es auch mit einem gedanklichen Hineinsteigern in extreme Emotionen umschreiben. Die Astralebene spiegelt alle Schwingungen aus der Gedankenwelt. Es dauert nur eine gewisse Zeit, bis die Prägung angenommen ist, da die Astralebene eine feinere Schwingung hat.

Die Mentalebene reagiert auf Sprache

Bänder auf der Astralebene sind dauerhafter und erweisen sich im unerwünschten Fall als hartnäckiger als Bänder auf der Mentalebene. Wille und Verstand lassen sich leichter beeinflussen als Gefühle, deren Regungen unbewußt erfolgen. Die mentale Ebene läßt sich durch Affirmationen erreichen, denn sie reagiert auf Sprache und logische, klare Formeln. Das Problem des astralen Ichs ist, daß es nonverbal kommuniziert. Es kennt Bilder, Gefühle, Zustände, aber zur Sprache und ihrer Linearität hat es keinen Zugang. Es ist weniger differenziert als der bewußte Geist. Ein astraler Eindruck ist immer multidimensional und wird über Zeichen und Symbole wahrgenommen, die sprachlich nicht ausreichend zu erfassen sind. Und genau hier ist die Grenze der vielen psychologischen Praktiken, die allein auf Gesprächen basieren. Worte verhallen im Energiefeld der Astralebene, wie auch im persönlichen Unbewußten eines Menschen, ungehört.

Das astrale Ich kommuniziert in Bildern

Dies ist der Grund, warum zum Auflösen der astralen Bänder magische (d.h. analog abbildende) Techniken bzw. bildhafte Visualisierungsmethoden verwendet werden. Bilder versteht das Unbewußte ganz direkt, ebenso, wie es Gefühle lesen kann. Ein mit dem entsprechenden Gefühl unterlegtes Bild der Befreiung wird diese Befreiung auch erzeugen und zwar genauso, wie es das Bild vorsieht. Dies ist das Grundprinzip von Magie, und wir wenden es im Alltag viel öfter an, als uns dies bewußt ist. Auf diese Weise wirken wir alle schöpferisch und werden so zu Gestaltern des eigenen Lebens.

Häufige Ursachen für einen Astralrapport

Der karmische Rapport

Ein spezieller Grund der Entstehung eines machtvollen psychisch-energetischen Bandes kann in einer früheren Inkarnation liegen. Diesem Gedanken liegt die Vorstellung der Wiedergeburt der Seele in einem neuen Körper und über viele Leben hinweg zugrunde.

Liebe auf den ersten Blick kann Karma sein

Demnach können zwei Menschen aufeinandertreffen, die dereinst einen solchen Rapport unterhielten. Dann wird die alte Erinnerung mehr oder weniger unbewußt neu aktiviert. In diesem Fall kommt es dann meist zu einer Wiederaufnahme des Rapports, da er ein Aspekt im Strickmuster der beiden Seelen ist. Die berühmte Liebe auf den ersten Blick gehört meist hierher, ebenso wie unerklärbare extreme Haßgefühle.

Die erneute Begegnung löst möglicherweise zwanghaft das alte Muster der Abhängigkeit wieder aus. In einem solchen Fall ist es notwendig, das Karma mitzubehandeln, beispielsweise durch eine Reinkarnationstherapie oder auch über Geistheilung. Da karmische Verstrickungen sehr weitläufig sein können, d.h. eventuell noch andere Menschen mit eingeschlossen sind, ist es gut, sich in dem Falle von erfahrenen Personen helfen zu lassen. Das Karma eines Menschen ist wie der Gordische Knoten. Du brauchst allerdings ein sensitives Schwert (einen hellsichtigen Verstand) und etwas Übung, um ihn zu durchtrennen.

Karma ist das Gesetz von Ursache und Wirkung. Alles Erlebte eines Menschenlebens wird in der Seele gespeichert. Hat ein gespeichertes Erlebnis eine besonders starke emotionale Ladung, dann wird es - wie bereits erwähnt - in einer späteren Inkarnation die Ursache für eine erneute Begegnung sein, weil die Seele an dieser Stelle festhängt. Karma sind also unsere alten Gewohnheiten und Begierden, die uns magnetisch in die Wiederverkörperung ziehen, um sie wieder und wieder auszuleben.

Karmische Verstickungen üben oft massiven Zwang aus

Negatives Karma, wie z.B. starke Schuldgefühle, kann uns dazu verleiten, Lebensumstände zu schaffen, durch die wir Schuld und Strafe erleben. Oder wir können einer Opferhaltung verhaftet sein, die wir wieder und wieder erschaffen, um vielleicht mit der Zeit ausreichend Kraft zur Verwandlung dieses Gewohnheitsmusters zu erlangen. Ebenso wird positives Karma, die guten Gewohnheiten also, wiederholt, und somit vermehrt sich das Gute.

Ziel des karmischen Kreislaufs ist die Transformation der emotionalen Impulse in spirituelle und damit die Befreiung vom Rad der Wiedergeburt. Auf der egobezogenen Ebene, die ja auch unsere Persönlichkeit ausmacht, sagt der Mensch: „Mein Wille geschehe!" und verstrickt sich in den Erscheinungen der astralen, mentalen und sinnlichen Welt. Auf der spirituellen Ebene sagt er hingegen: „Dein Wille geschehe!" und meint damit den Willen des kosmischen Geistes, die supra-implizite Ordnung, die allumfassend ist.

Karma ist also so etwas, wie bestimmten Phasen des Seelenweges nachzuhängen oder die tiefe Faszination der Seele bestimmten Lebensaspekten gegenüber. Alle starken Emotionen können zur Ursache einer Wiederverkörperung und Schaffung ähnlicher Situationen führen, die diese Emotionen wieder ausdrücken.

Karma läßt sich aber auch sinnbildlich verstehen. Unser Unbewußtes sendet z.B. in Träumen oder in der Entspannung/Meditation Bilder an die Oberfläche des Bewußtseins, wo sie wahrgenommen werden können. Ein Traum ist oftmals eine Metapher für ein tieferes Seelengeschehen, und das Deuten der Träume gibt uns Einblick in unser eigenes Inneres. Karmische Bilder und Gefühle liegen in den tiefsten Schichten des Unbewußten. Wenn sie spontan ins Bewußtsein aufsteigen, dann nur deshalb, weil das momentane Geschehen im Jetzt einen Bezug zum Karma hat. Das kann das Wiedertreffen einer bekannten Seele sein oder das Eintreten einer von früher bekannten Situation.

Manche Menschen lehnen den Gedanken der Wiederkehr der Seele aus mangelnden Beweisen ab. Doch es ist gleichgültig, ob es prüfbare Beweise, wie den Nachweis von Daten,

Namen, Jahreszahlen gibt, die belegen, daß das innerlich Geschaute auch tatsächlich vorhanden war. Diese Beweisbarkeit steht auf tönernen Füßen, denn was wird letztendlich bewiesen, wenn es mitunter zu nachprüfbaren Übereinstimmungen mit alten Chroniken und Gemeindebüchern kommt? Doch nur, daß die geschauten Angaben stimmen, aber niemand kann dir belegen, daß es tatsächlich du warst.

Beweisbarkeit ist hier reine Spekulation, und das Fehlen von Namen, Daten, Ortsangaben beweist denn auch kein Gegenteil. In der Argumentation, die Reinkarnation mangels Beweisen abtut, sehe ich lediglich eine rationale Abwehrhaltung, die einen guten Vorwand bietet, sich tieferen Ursachen der Existenz nicht stellen zu müssen.

Für die Deutung ist es ohnehin zweitrangig, aus welcher Quelle diese oft spontan und blitzartig empfangenen Bilder nun wirklich stammen. Hierzu bedarf es nur der Bereitschaft, die Bilder anzunehmen und zu betrachten. Denn Tatsache ist, daß diese stark emotionsgeladenen Bilder psychische Realität im Jetzt besitzen. Sie haben Macht und Kraft, die Gefühle sind real zu spüren, und manchmal schlagen sie sich sogar im Körper nieder. Schon aus diesem Grunde sollten sie ebenso sorgfältig wie Träume gedeutet werden, denn sie tauchen niemals zufällig auf, sondern sind Metaphern für ein innerseelisches Geschehen in den tiefsten Schichten des Unbewußten. Wenn es dir schwerfällt, sie als Karma vergangener Inkarnationen anzusehen, so nimm sie wenigstens als symbolhafte Bilder deiner momentanen psychischen Realität ernst, denn sie haben immer mit dir und deinem Jetzt zu tun.

Karma dient der spirituellen Transformation

Auf dem (Rück-)Weg zur spirituellen Ebene müssen wir die astrale Ebene, den emotionalen Bewußtseinsspeicher, durchqueren. Es bleibt nichts anderes übrig, als immer wieder karmischen, psychischen und emotionalen Ballast abzuwerfen, damit wir den höheren Willen des Selbst geschehen lassen können. In diesem Sinn ist das Auflösen astraler Nabelbänder und machtorientierter Beziehungsmuster, die ein Festhalten und Anklammern fördern, eine Bearbeitung und Befreiung von Ursachen zur karmischen Wiederkehr oder auch nur zum psychologischen Wiederholungszwang alter Muster.

Astrologische Konstellationen der Partner

Venus-Pluto-Konstellationen tragen die Symbolik der astralen Nabelschnur

Es läßt sich auch eine astrologische Besonderheit im Zusammenhang mit astralen Nabelschnüren beobachten, welche ihre Entstehung offenbar begünstigt. Allerdings gibt ein einzelner Aspekt nicht den Ausschlag, wenn nicht noch andere Faktoren hinzukommen. Aber bei den von mir beobachteten Rapporten war stets auch eine Venus-Pluto-Verbindung der beiden Partnerhoroskope zueinander im Spiel.

Diese Konstellation kann dazu führen, daß beide Personen zutiefst voneinander fasziniert sind, ohne daß sie konkrete Anhaltspunkte nennen könnten. Sie kann, je nach Naturell der beiden, schlagartig eine intensive bis süchtige Leidenschaft auslösen, die nicht unbedingt karmisch bedingt sein muß, die wohl aber zu späterem Karma werden kann.

Im Horoskopvergleich traten vor allem die Konjunktion (0-8° Abstand zwischen den Planeten), Opposition (ca. 180°), Quadrat (ca. 90°) und Sextil (ca. 60°) in Erscheinung.

In einem speziellen Fall ergab sich bei gradgenauer Konjunktion von Pluto mit der Partnervenus und bei beiderseitiger Neptunbetonung (sehr starke Medialität) eine regelrechte astrale Symbiose. Die Beziehung dauerte über 10 Jahre, wurde aber von beiden Partnern als zu intensiv empfunden, um konkret im Alltag eine Basis des Zusammenlebens zu schaffen. Aber auch ein exaktes Quincunx (150°) begleitete die Erscheinungen einer astralen Nabelschnur.

Horoskopvergleich

Zur Ermittlung der Venus-Pluto-Aspekte der zwei Partner sind entweder die genauen Geburtsdaten und Gestirnstandstabellen (Ephemeriden) oder die vollständig berechneten Horoskopdiagramme nötig. Im ersten Fall schlägst du unter den Daten nach und notierst dir jeweils die Venus- und Plutostände des Tages der Geburt. Der Tierkreis beträgt 360°, beginnt mit 0° Widder und endet mit 30° Fische. Jedes der 12

Zeichen hat 30°. Nun kannst du den Abstand zweier Planeten ermitteln:

	Partner 1	Partner 2
Pluto	28° Löwe	1° Jungfrau
Venus	20° Steinbock	4° Schütze

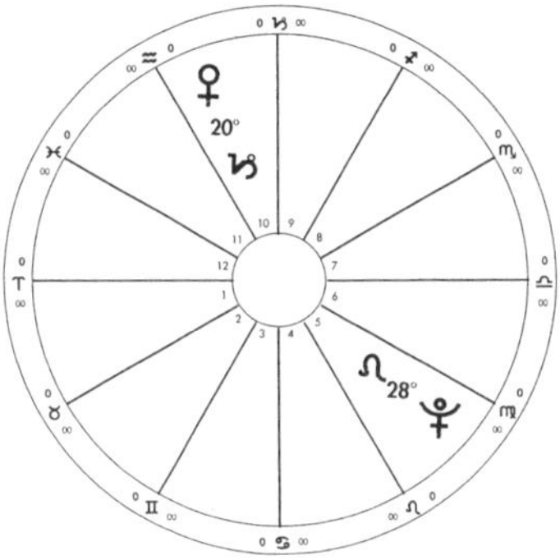

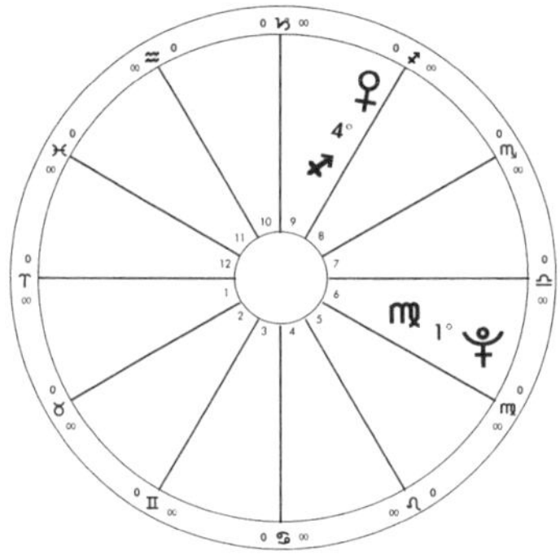

Zwischen 28° Löwe und 4° Schütze beträgt der Abstand auf dem Tierkreis 96°. Damit handelt es sich um ein Quadrat, dessen Wirksamkeit noch bis zu einer Abweichung von 8° vom exakten Wert spürbar ist. Je exakter die Aspekte sind, desto intensiver ist jedoch ihre Wirkung.

Wenn du die Horoskopkreise zur Hand hast, zeichne einfach die Partnerplaneten in einen der beiden ein. Dann kannst du den Abstand außen am Kreis ablesen.

Das Horoskop zwingt uns nicht

Damit soll nun nicht gesagt werden, daß die Verbindung zweier Geburtshoroskope durch diese Aspekte zwingend in eine machtvolle psychisch-energetische Abhängigkeit mündet. Das Horoskop zeigt ja nur Anlagen auf, die im Laufe des Lebens bearbeitet, entwickelt und auch abgelegt werden können. „Die Sterne zwingen zu nichts!" Es ist immer der Mensch selbst, der entscheidet, wie er diese Vorgaben auslebt. Menschen mit obigen Aspekten zueinander sollten innerhalb ihrer Beziehung besonders auf Grenzziehung und

Machtbedürfnisse achten. Vermutlich besteht diese Beziehung gerade weil diese Problematik bearbeitet werden muß. Sie dient also als Chance zur Befreiung von Zwängen, die durch die negative Korrespondenz der beiden Planeten entstehen können. Venus ist die sich hingebende, verschmelzende Kraft in uns, Plutos Ressort ist der Umgang mit Macht. Hieraus ergibt sich oft machtvolle Hingabe oder Hingabe an die Macht.

Auf Grenzziehung achten

Da Venus die weibliche Seite der Sexualität darstellt und Pluto als Herrscher von Skorpion den gesamten sexuellen Bereich beherrscht, kann (je nach Zeichen und Hausstellung der Planeten) eine machtvolle bis übermächtige Sexualität aus dieser Kombination resultieren. Diese wiederum begünstigt stark die Entstehung von dauerhaften Energiebändern, weil die sexuelle Energie einer der okkulten Hauptkraftströme des irdischen Lebens ist.

Machtvolle Sexualität unter Venus-Pluto

Auch Beziehungen, die normalerweise nicht sexueller Natur sind (z.B. Arbeitsverhältnisse, nahe Verwandtschaft) können unter diesen Vorzeichen eine subtile sexuelle Besetzung aufweisen, die aufgrund äußerer Gegebenheiten unterschwellig bleiben muß. Wird diese Anlage nicht bewußtgemacht und offen geklärt, so kann bei Menschen mit starker Vorstellungskraft eine Verlagerung dieses gesamten Komplexes auf die Astralebene erfolgen. Dabei bilden sich dann ebenfalls massive Energieverbindungen, die die subtilen Informationen gezielt transportieren und unter Umständen sogar zur astralen Abreaktion des entstandenen Drucks dienen können. Ganz sicher werden die Beziehungen jedoch durch dieses hohe Maß unbewußter, emotionaler und sexueller Inhalte mit der Zeit zerrüttet oder es kommt zu einer explosiven Handlung, die diese Inhalte schlagartig bewußtmacht.

Die Pluto/Venus-Konstellation zweier Horoskope ist in vielen Fällen von unerklärlicher subtiler Machtausübung oder auch von *mächtiger Leidenschaft bzw. ohnmächtiger Liebe* eine heiße Spur und meist Indikator für das Vorhandensein einer astralen Nabelschnur. In der erlösten oder entwickelten Form (d.h. einer von persönlicher Macht/Ohnmacht befreiten Beziehung) bietet die Pluto/Venus-Verbindung tiefe Erfüllung im emotionalen und sexuellen Erleben und ermöglicht eine echte Verbindung von Sexualität und Liebe.

Sexualität

Sexualität bewirkt feinstoffliche Verbindungen zwischen den psychischen Zentren in der Aura des Menschen und zwar während des sexuellen Aktes im Idealfall an allen Chakras. So kommt nicht nur eine physische Verschmelzung der Körper, sondern zudem eine feinstoffliche Verschmelzung zustande. Sexualität hat also eine weitreichende energetische Komponente und ist nicht nur ein körperlicher Akt. Der Geschlechtsakt gleicht einem vollständigen Energiebad im gemeinsamen Energiefeld, sofern sich beide Menschen öffnen.

Der sexuelle Akt ist ein Energiebad

Wird eine derart machtvolle Verbindung nach dem Akt nicht wieder gelöst, so daß beide in ihre Individualität zurückkehren, dann bleibt meist eine astrale Nabelschnur zurück. Sie resultiert aus dem kindlichen Verlangen, in steter Verschmelzung mit dem Partner zu verweilen. Eine auf sexueller Basis entstandene Nabelschnur ist außerordentlich mächtig und vielschichtig.

Es ist nicht ungewöhnlich, daß Menschen ihre Sexualpartner wechseln und im Laufe des Lebens mehrere kennenlernen. Hierbei ist es wichtig, auch die energetischen Verbindungen zu lösen, sonst kann es vorkommen, daß die Seelen der Verflossenen auch nach Jahren noch über die Astralverbindung Energie senden bzw. beanspruchen. Dies kann sogar eine folgende Partnerschaft derart beeinflussen, daß die Person sich der neuen Beziehung nicht richtig öffnen kann. Mitunter ist der alte Partner, zumindest auf der Astralebene, regelrecht der Dritte im Bunde. Sentimentales Nachhängen und Bauchkribbeln oder auch eine alte Wut im Bauch ist ein sicherer Hinweis auf eine ungelöste Verbindung. Die beste Kontrolle bietet hier, wie auch sonst im Leben, höchstmögliche Bewußtheit. Wenn du dazu neigst, in seinen/ihren

Astrale Verbindungen zu früheren Partnern können lange danach noch fortbestehen

Armen ohnmächtig zu werden, ist die Gefahr einer astralen Vereinnahmung besonders groß. Manche Menschen hypnotisieren ihre Partner regelrecht, obwohl sie das vielleicht weder beabsichtigen noch sich dessen bewußt sind. Hingabe ist Bestandteil eines glücklichen Sexualerlebens, jedoch sollte sie nicht mit Unterwerfung verwechselt werden. Auch beinhaltet sie nicht die Aufgabe jeglicher Selbstachtung. Je bewußter und wacher du das körperliche Zusammensein genießen kannst, um so klarer wirst du auch den Kontrast der Rückkehr in deine eigene Hülle wahrnehmen, bzw. spüren, ob die andere Person auch wieder ganz zu sich zurückgekehrt ist.

Das Zurückkehren in die eigene Energiehülle und das Schützen der eigenen Grenzen ist Voraussetzung für ein erneutes, freudiges Zusammenkommen. Es ist wie Ein- und Ausatmen. Erst wenn du ausgeatmet hast, kannst du wieder einatmen. Erst wenn du losgelassen hast, kannst du den Kontakt wieder aufnehmen und dabei neue Facetten des anderen Menschen entdecken.

Zauber der Verliebtheit - Liebeszauber

Zauberhafte Verliebtheit

Das Paradebeispiel der Entstehung eines machtvollen psychisch-energetischen Bandes ist die *Liebe auf den ersten Blick.* Hier vollzieht sich schlagartig eine starke energetische Verknüpfung, die die Beteiligten aneinander bindet. Verliebtheit ist vor allem auch deshalb eine warme Energiebadewanne, weil über dieses Band ständig Energien hin- und herfließen und ein dauernder Austausch stattfindet, der die beiden Personen regelrecht beflügelt. Über dieses Band werden die inneren Akkus unbewußt wechselseitig aufgeladen. Dies ist natürlich höchst angenehm, und so wollen wir kaum davon lassen. Der Zauber der Verliebtheit ist also im Grunde nichts anderes als eine astrale Nabelschnur.

Zum Stichwort Zauber gehört in dem Fall auch der Liebeszauber. Magische Dienste, vor allem bezüglich Liebesglück, werden heute in unzähligen Kleinanzeigen in jeder

Zeitung offeriert. Auch hier wird vom Magier eine Art astrale Nabelschnur geknüpft, wenn sich die Energie auf eine bestimmte Person richtet. Sofern der Zauber funktioniert, dann handelt es sich dabei immer um ein Band der Macht und nicht um freiwillige Liebe!

Liebeszauber macht abhängig und zwar beide Seiten!

Das sollte all jenen klar sein, die auf diese Weise einen bestimmten Menschen an sich binden wollen. Außerdem sollten sie nicht vergessen, daß dadurch auch sie selbst auf Gedeih und Verderb angebunden sind. Das Auflösen einer astralen Nabelschnur ist meist ein langwieriger und auch schmerzlicher Prozeß.

Mit jeder magischen Handlung wird eine Weiche gestellt und der Zug des Lebens umgeleitet. Die wenigsten magischen Berater sind in der Lage oder machen sich die Mühe, verantwortlich vorauszusehen, ob der eingeleitete Umweg aufs Abstellgleis führt oder in eine schönere Zukunft.

Wenn eine Verbindung vom höheren Willen aus vorgesehen ist, wird sie ohnehin unweigerlich zustandekommen. Wird ein Mensch jedoch durch den persönlichen Willen eines anderen gezwungen, dann sind Zwang und Macht immer auch Bestandteile der Beziehung und werden sich im Alltag unangenehm bemerkbar machen - denn was du hineingibst, das bekommst du auch heraus!

Der Begriff der astralen Nabelschnur

Sehen wir uns nun den Begriff der astralen Nabelschnur näher an. In der Tat ist die übersteigerte psychisch-energetische Funkverbindung eine Art Nabelschnur.

Die Nabelschnur zwischen Mutter und Kind

Eine Nabelschnur definiert sowohl ein Machtgefälle und eine gegenseitige Abhängigkeit, wie auch einen bestimmten Ort, wo sie sich am Körper befindet. Die physische Nabelschnur verbindet das Baby im Mutterleib mit dem Blutkreislauf der Mutter. Hier haben also zwei Menschen einen einzigen Stoffwechselkreislauf, und eine der beiden, nämlich die Mutter, scheint zu dominieren. Sie bestimmt beispielsweise, welche Nährstoffe beide zu sich nehmen. Außerdem ist sie aus sich heraus lebensfähig, das Baby erst ab einer bestimmten Phase seines Wachstums.

Und doch ist die Abhängigkeit gegenseitig, denn auch das Kind nimmt Einfluß auf die Mutter. Die physische Nabelschnur ist ein Verbindungskanal, der das Kind durch den Filter des mütterlichen Körpers mit der Außenwelt, in die es hineingeboren werden wird, in Kontakt bringt. Über die Versorgungsfunktion der Nabelschnur lernt es bereits im Mutterleib bestimmte Stoffe aus der äußeren Umgebung kennen, jene nämlich, die in den Organismus der Mutter gelangen. Der Nabelschnur kommt neben der Versorgungsfunktion auch eine Schutzwirkung zu, denn das Kind hat durch sie teil am Immunsystem der Mutter. Die physische Nabelschnur wird bei der Geburt durchtrennt.

Die Art, wie dies geschieht, ist eine entscheidende Erfahrung, auch für das spätere Leben des Menschen. Es ist wichtig, daß die Nabelschnur erst dann durchtrennt wird, wenn das Kind bereits einige Minuten an der Mutterbrust gelegen hat. Dafür hat die Natur diesem Band zwischen Mutter und Kind genau die richtige Länge gegeben. Dort kann das Kind den Herzschlag der Mutter hören, ihre Stimme, es kann den Geruch wahrnehmen und ihr Gesicht sehen. Und was noch wichtiger ist, es spürt ihre Liebesenergie, noch bevor das existentielle Band durchtrennt wird.

Mutter-Kind-Bonding für einen liebevollen Start ins Leben

Dadurch entsteht etwas, was die Forscher *Mutter-Kind-Bonding* nennen. Ich würde sagen, es bildet sich eine astrale Nabelschnur, jene Energieverbindung zwischen Mutter und Kind, die die physische Nabelschnur ersetzt. Auf diese Weise entsteht ein fließender Übergang von der physischen zur astralen Nabelschnur, die sich später dann ganz verflüchtigt bzw. umwandelt, wenn der Mensch selbständig geworden ist. Leider ist dieser Idealfall eher selten. Im allgemeinen wird das Kind abgenabelt, sobald es aus dem Geburtskanal kommt. Wird die so entscheidende Versorgungsleitung der physischen Nabelschnur jedoch derart brachial gekappt, dann entsteht für das Kind ein extremer Streß wie auch Sauerstoffmangel, da kurz nach der Geburt noch ein Großteil der Atmung über die Nabelschnur erfolgt. Nach Joseph Chilton Pearce bewirkt diese Praxis einen ersten Entwicklungsbruch im Leben des neuen Erdenmenschen, welcher durch sanftere Geburtshilfe vermeidbar wäre. Außerdem sieht Pearce einen Zusammenhang zwischen diesem Entwicklungsbruch und späteren Störungen in der Persönlichkeit des Menschen bis hin zu extremer Gewaltbereitschaft.

Wenn die Auswirkungen der ersten Lebensminuten tatsächlich so gravierend sind, dann frage ich mich nun: Könnte die lieblose Geburt und Abnabelung, die oft mit Streß, Verlust- und Todesangst verbunden sind, nicht ein emotionales Defizit erzeugen, das den Menschen lebenslang begleitet und ihn dazu bringt, immer wieder krampfhaft die bei der Geburt abgerissene Verbindung erneut herzustellen? Und zwar in Form einer astralen Nabelschnur in der Partnerschaft, die beim erwachsenen Menschen nicht mehr zeitgemäß ist, denn er ist ja nicht mehr das bedürftige Kleinkind. Was vor allem in diesen ersten Lebensmomenten auch mit abgerissen wird, ist die Verbindung zur Liebe und zum Urvertrauen, das in der Geborgenheit des Mutterleibes erlebt wurde.

Dies wiederum fehlt oft jenen Erwachsenen, die sich mittels astraler Nabelschnur an Partner und Freunde klammern. Sicherlich sind die ersten Lebensminuten nicht allein entscheidend darüber, ob ein Mensch ein schweres, lebenslanges Defizit an Liebe und Urvertrauen ertragen muß und sich daher krampfhaft an seine Lieben anklammert. Ich denke aber, daß es ein beachtenswerter Faktor ist, der zum Verständnis der Ursachen einer psychischen Anklammerung in Partnerschaften beiträgt. Außerdem herrscht in unserer Gesellschaft ein so hohes Maß an Lieblosigkeit, die sich vor allem auch gegen die Schwächsten, gegen die Kinder richtet, daß mit einer lieblosen und kalten, mechanisierten Geburt nur der Auftakt gegeben ist für ein Leben in Kampf und Härte.

Die energetische Nabelschnur verbindet das Kind mit der Familie

Nach der Geburt ist das Kind selbst atmungs- und lebensfähig, wiewohl es sich noch nicht allein versorgen kann. Die astrale Mutter-Kind-Nabelschnur, die praktisch die unsichtbare Fortsetzung der physischen Nabelschnur ist, dient hierbei dem Schutz und der energetischen Ernährung des kindlichen Organismus. Die Energie und Liebe, die dem Kind über dieses Band zufließt, erhält es buchstäblich am Leben. Es würde verkümmern in der Entwicklung oder sogar sterben, wenn es nur die physische Grundversorgung erhielte.

Mit dem Heranwachsen bildet sich das familiäre Energieband zurück

Dieses familiäre Energieband, das auch zum Vater oder anderen Bezugspersonen entstehen kann, bildet sich aber zurück, sowie das Kind heranwächst und eigenständig wird. Das heißt, daß im Verlauf dieses Prozesses auch das Machtgefälle Eltern-Kind verschwindet. Im Idealfall wird aus der Familie dann eine Gemeinschaft gleichwertiger Erwachsener, die einander respektieren und die ihre Grenzen und ihre Bedürfnisse als Individuen achten. Das klingt einfacher, als es ist, denn eine für Individuen angemessene Beziehung bedeutet eine viel größere Herausforderung und ist bei weitem schwieriger zu bewerkstelligen, als sich in einer geschlossenen Einheit aufzulösen.

Fortgesetztes Festhalten am Machtgefälle

Deshalb bleibt die astrale Nabelschnur oft fortbestehen, wenn beide Parteien daran festhalten, was immer auch ein Festhalten am Machtgefälle ist. Dabei ist es gleichgültig, ob jemand Macht ausübt oder ob ihm die Macht nur erwartungsgemäß zugeschrieben wird. Auch eine starke Auflehnung gegen einen vermeintlichen Druck zeugt von einem akzeptierten Machtgefälle. Wenn also beide Seiten nicht loslassen, dann wird das Kind am Erwachsenwerden gehindert, und die Eltern wollen Verantwortung, Macht und Kontrolle nicht abgeben. Leider bringt eine astrale Nabelschnur auch immer ein Höchstmaß an gegenseitigem Verpflichtetsein mit sich, so daß sich hier mitunter ein Teufelskreis zementiert, der Psychologinnen und Therapeuten die Arbeitsgrundlage sichert. Allzuoft können diese festen, symbiotischen Familienbande nur mit Hilfe einer Therapie gelockert werden.

Da die spätere Partnerwahl sich gewöhnlich an den Elterncharakteren orientiert, ist es häufig der Fall, daß anstelle der elterlichen astralen Nabelschnur ein Partnerband geknüpft wird, was auf dasselbe Schema hinausläuft.

Eine nicht abgenabelte Elternbindung bestimmt die Partnerwahl

Fehlende Abnabelung von Zuhause ist also auch ein häufiger Grund für die Entstehung einer erneuten astralen Nabelschnur. Es handelt sich dabei nur um eine Verschiebung von Abhängigkeiten. Die astrale Nabelschnur bei Erwachsenen kennzeichnet somit immer auch infantile Strukturen innerhalb eines Beziehungsgefüges.

Nach meiner Überzeugung findet die Abnabelung von den Eltern in mehreren Phasen statt, die sich an den astrologischen Zyklen des Saturn orientieren. Diese markieren in etwa siebenjährlichem Rhythmus signifikante Schritte in der Entwicklung des Menschen. Spätestens wenn Saturn den Geburtskreis einmal umrundet hat, etwa um das 28. Lebensjahr, sollen die letzten Reste der elterlichen astralen Nabelschnur endgültig aufgelöst werden.

Die Chakras als Anknüpfungspunkte für Energieverbindungen

Die astrale Nabelschnur befindet sich stets am Nabelchakra oder Solarplexus. Sehen wir uns das System der Chakras einmal näher an.

Die menschliche Aura besteht aus mehreren feinstofflichen Schichten. Über die genaue Anzahl herrschen unterschiedliche Meinungen, ebenso wie über den exakten Sitz der Chakras am Körper. Ich arbeite mit einem System, das sie wie folgt anordnet:

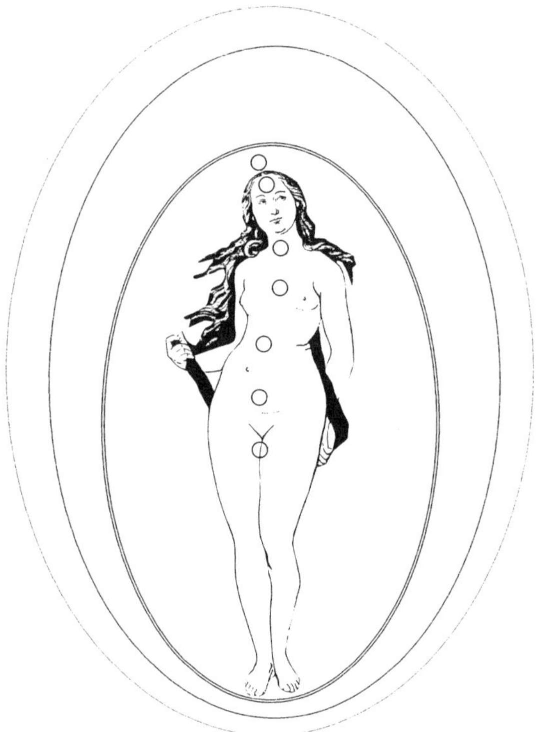

Das System der Chakras und ihre Position

Der physische Körper ist der materielle Aspekt des menschlichen Seins. Die körpernächste Aurahülle bildet den Mentalkörper, den auf die Materie gerichteten Geistaspekt, der das menschliche Bewußtsein und den Konstruktions- und Funktionsplan des physischen Körpers enthält. Dann folgt der Astralkörper, der Seelenaspekt, der das Unbewußte, die Gefühlswelt und die karmischen Erinnerungen enthält. Ganz außen ist der spirituelle Körper, der den göttlichen Aspekt, das Höhere Selbst enthält. Auf dieser feinsten Ebene sind wir mit allem, was ist, verbunden. Von der materiellen zur spirituellen Ebene werden die Körper immer feinstofflicher. Ein inkarnierter Mensch besteht immer aus diesen vier Aspekten.

Die Chakras 1 und 7 strahlen nach unten bzw. oben vom Körper weg. Die Chakras 2 bis 6 spiegeln sich auf der Körperrückseite. Die Chakras sind Pforten in der Aura, trichterförmige Energiewirbel, durch die, sofern sie geöffnet und funktionsfähig sind, Energie/Information von außen aufgenommen wird, bzw. eigene Energie/Information von innen nach außen geleitet wird. Im Normalfall besitzen Aura und Chakras eine Art natürlichen Schutzschild, der vor negativen Einflüssen wie auch vor Energieverlust schützt. Wenn der Schutz funktioniert, verhalten wir uns meist instinktiv richtig, indem wir alles für unser Energiefeld Schädliche meiden. Unnatürliche Lebensweise, Umweltverschmutzung (vor allem Strahlung, Elektrosmog usw.), Streß, Drogen, aber auch Wetterwechsel und psychische Faktoren bringen unseren Schutz jedoch oft aus dem Gleichgewicht und schädigen die Aura. Meditation, Entspannung oder Energiearbeit mit den Chakras können Störungen vorbeugen, doch dazu kommen wir später noch ausführlich.

Die Chakras und ihre Funktionen als Energieleitstellen

Die Chakras sind ein komplexes System von Energieleitstellen in der Aura. Sie bereiten Energie auf und leiten sie in den physischen Körper weiter, wo sie den organischen Funktionen zugute kommt. Jedes Chakra hat so einen fest umrissenen Arbeitsbereich, der mit der Körperzone zusammenhängt, wo es sich befindet. Auf der nächsten Seite folgt eine kurze Gliederung der Chakras und ihrer Funktionen.

Die 7 Hauptchakras:

1. Wurzelchakra	Lebensenergie, Lebenswille, Erdung in der materiellen Welt, Farbe: Rot
2. Sakralchakra	Sexualenergie, physische Qualität der Liebe, Geben und Nehmen, Farbe: Orange
3. Nabelchakra (Solarplexus)	Umgang mit Macht, Wille, Durchsetzung, Heilen, die Schwelle zu den höheren feinstofflichen Ebenen bzw. zum Unbewußten und zur Astralebene, Farbe: Gelb
4. Herzchakra	Herzensliebe zu anderen Menschen und zum Universum, Seelenkraft, Verantwortlichkeit, Farbe: Grün
5. Kehlchakra	Kommunikation, verbindendes Denken und Verstehen, gedankliche Reflektion, Farbe: Blau
6. Stirnchakra (das 3. Auge)	Imagination, höhere Erkenntnis, Konzentration, Einsicht in den eigenen Weg, PSI-Kräfte, Farbe: Violett
7. Kronenchakra	Integration der gesamten Persönlichkeit, Spiritualität, kosmisches Bewußtsein, Farbe: Weiß

Der zwischenmenschliche Energieaustausch findet an diesen Pforten statt. Dort sammeln wir Energie/Information aus der Außenwelt und geben Energie/Information nach außen ab.

Es heißt, daß die Chakras sich von unten nach oben der Reihe nach zur jeweiligen vollen Funktionsbreite entwickeln. Ich bin der Ansicht, daß dies in mehreren Durchläufen geschieht, die einen Zusammenhang zum Siebenjahresrhythmus des Saturnzyklus haben. Demnach wird in 7 Jahren ein bestimmter Teilaspekt der menschlichen Entwicklung von unten nach oben nacheinander in den Chakras aktiviert und ins Dasein integriert, so daß im Idealfall nach jeweils einem Jahr ein bestimmter Aspekt eines Chakras erweckt wird.

Die Entwicklung der Chakras im 7-Jahres-Rhythmus

Im ersten Lebensjahr geht es z.B. um den ersten Teilaspekt des Wurzelchakras. Das erste Lebensjahr ist ganz auf die körperliche Konsolidierung der Lebensenergie gerichtet. Nach diesem Jahr ist das Kind aus dem Gröbsten heraus und nimmt bewußt seine Bezugspersonen wahr. Nun werden Funktionen des zweiten Chakras wach. Das Geben und Nehmen und das Gehen (Aufeinander-zugehen) werden in der ersten Phase erlernt. Im dritten Jahr entwickelt sich die Durchsetzung auf ihrer untersten Stufe. Das Kind erkennt seine Macht und Kraft. Im vierten Lebensjahr ist ein erstes Öffnen des Herzchakras und ein Bewußtwerden von Gefühlen an der Reihe. Offenen Herzens geht das Kind nun auch nach außen, auf andere Menschen zu. Im fünften Jahr haben Kommunikation und Denkfähigkeit Hochkonjunktur. Der geistige Hunger des Kindes wächst. Folglich ist es im sechsten Jahr reif für die Schule. Es lernt, konzentriert und zielorientiert mit seinen geistigen Fähigkeiten umzugehen. Im siebten Jahr wird der vorangegangene Prozeß integriert, die erste Reife ist erlangt. Oft finden in dem Alter spirituelle und religiöse Initiationen statt.

Dann beginnt die Reise durch die Chakras aufs Neue und setzt sich durch das weitere Leben fort, so daß jeweils ein neuer „Durchlauf", die Integration eines höheren Teilaspekts jedes einzelnen Chakras ermöglicht. Diese Abschnitte beginnen mit etwa 14, 21, 28 etc. Jahren.

Es ist möglich, daß auch beim Erwachsenen ein Chakra nur teilweise geöffnet oder ein sonst geöffnetes kurzzeitig geschlossen ist. Dann kommt über das Chakra nur ein teilweiser oder gar kein Austausch zustande. Das Funktionieren eines Chakras läßt sich mit einem Pendel (Ring o.ä. an einem Faden) ermitteln. Das klappt am besten zu zweit, wenn die eine Person, die ihre Chakras prüfen will, flach auf dem Rücken liegt. Dabei wird das Pendel etwa 10 cm vom Körper entfernt über die entsprechenden Chakrapunkte gehalten.

Die Chakras mit dem Pendel prüfen

Es wird sich meist sofort in Richtung des Energiewirbels in Bewegung setzen. Kreise rechtsherum, ca. 15 cm Durchmesser, bezeichnen ein geöffnetes und gut funktionierendes Chakra. Ganz kleine Kreise weisen auf ein schwaches Chakra hin. Kreise in Linksdrehung sind - nach meiner Erfahrung - ein Zeichen für ein geschlossenes Chakra und somit Anzeichen einer Störung im Energiesystem.

Dann kann eine Chakrareinigung, wie sie im praktischen Teil des Buches angesprochen wird, Abhilfe schaffen. Bewegt sich das Pendel über einem Chakra nicht oder kommt nach kurzem Anlauf zum Stillstand, dann kann dies das Anzeichen einer körperlichen Störung in dem Bereich des Chakras sein. Es kann sich um eine kurzfristige Störung handeln, und vielleicht läßt sich das Chakra durch Auflegen von Kristallen (siehe S. 151) wieder stärken und in Gang setzen. Ist dies nicht der Fall, ist eine medizinische Untersuchung anzuraten. Aber auch im Krankheitsfall kann eine gründliche Chakrareinigung als unterstützende Maßnahme hilfreich sein.

Das Nabelchakra hängt mit der Adrenalinprodukion zusammen

Es besteht ein Zusammenhang zwischen den Chakras und dem endokrinen Drüsensystem, das unsere Körperfunktionen steuert. Die Chakras haben also Einfluß auf die Schaltstellen im physischen Körper. Das Nabelchakra ist der Sitz der astralen Nabelschnur. Diesem Chakra sind die Nebennieren zugeordnet, die bei Streßsituationen Adrenalin produzieren und die Körperenergien aktivieren. Wir entscheiden dann blitzschnell, aus dem Bauch heraus, über Kampf oder Flucht. Hier ist also unser Instinkt beheimatet.

Auch aus diesem Blickwinkel ist es einleuchtend, daß eine Verbindung, die ein Machtgefälle produziert, insbesondere über dieses Chakra läuft. Der Kampf-oder-Flucht-Reflex beruht auf der Einschätzung der gegnerischen Kraft und

Macht. Es können jedoch noch begleitende Dauerrapporte an anderen Chakras bestehen, z.B. am Herzzentrum. Eine energetische Verbindung kann nur über beiderseitige innere Bereitschaft erwirkt werden. Wenigstens ein Quentchen Sympathie ist meist im Spiel. Es handelt sich also in der Regel nicht um einen böswilligen psychischen Angriff einer Person auf die andere, und außer im Fall eines absichtlich geschaffenen Zauberbandes, entstehen die astralen Nabelschnüre meist völlig unbewußt und unabsichtlich.

Das ändert allerdings nichts an der Tatsache, daß sie immer ein Machtgefälle, narzißtische und besitzergreifende oder auch infantil anklammernde Tendenzen beinhalten. Geliebt und bewundert zu werden bedeutet, Macht über die Gefühle der anderen Person zu haben. Der Liebesverlust ist in dem Fall ein Machtverlust, der im Extrem in völliger Zerstörung enden kann.

Ein Dauerrapport bildet Energieformen oder -felder

Das unmittelbare physische Zusammensein ist normalerweise immer von vielfältigen Energieverbindungen begleitet. Das Universum als Ganzes ist eine Erscheinung des Teilnehmens, der Wechselwirkung. Davon ist auch die menschliche Ebene mit ihren Einzelwesen nicht ausgeschlossen. Wir kommunizieren vor allem auch im feinstofflichen Bereich.

Der Störfall der astralen Symbiose geschieht erst, wenn das Band nach der physischen Trennung nicht unterbrochen wird, sondern ein astrales Eigenleben zu führen beginnt. Es absorbiert lebenswichtige psychische Energien aus dem Organismus und zieht sie auf die Astralebene, bzw. in den Astralkörper. Zu Anfang ist das Band ein beständiger Strom von Energie/Information. In Form von Verliebtheit wird dies meist als sehr angenehm empfunden und oft auch ganz bewußt fortgesetzt. Es findet dann ein gedanklicher und emotionaler Austausch statt, unabhängig von der Anwesenheit des anderen.

Das Energiefeld ist ein Konglomerat aus Gedanken und Gefühlen

Wir haben weiter vorne gesehen, daß die Energie auf ihrem Weg von der Quelle zur Entfaltung sich in differenzierte Felder oder Energieformen gruppiert. Auch der psycho-energetische Informationsstrom zwischen zwei Menschen spaltet mit der Zeit bestimmte Energieformen oder -felder ab, wenn der Rapport lange genug aufrechterhalten wird, bzw. wenn die Schwingung auf ein Grundmuster in der Seele trifft.

Alle Gedanken und Gefühle, die ein Mensch z.B. zum Thema Beziehungen hat, bilden seine Grundwahrnehmung von Beziehungen. Diese Grundwahrnehmung ist in einem solchen Feld organisiert, danach identifiziert er, ob es sich bei dem, was er erlebt, um eine Beziehung handelt oder nicht. Paßt das Erlebte in sein Grundmuster, dann wird seine Definition dafür *Beziehung* lauten, weil sie seinem konditionierten (und oft auch karmischen) Beziehungsfeld entspricht. So ein allgemeines Beziehungsfeld trägt natürlich auch neben den individuell erlebten Formen die kulturell tradierten in sich. Wir alle besitzen ein solches Beziehungsfeld, das uns dazu anleitet, Beziehungen so zu führen, wie wir sie kennen. Wir suchen uns also Partner, die dem inneren Modell entsprechen und eine ähnliche Modellvorstellung haben. Es ist also gar kein besonderer Partner, in den wir uns verlieben, sondern unser eigenes Innenbild begegnet uns in dem anderen. Wir verlieben uns immer in das Bekannte, denn etwas völlig Fremdes könnten wir mit dem vorhandenen Instrumentarium des Beziehungsfeldes gar nicht identifizieren.

Kommt nun ein Strom der Verliebtheit und eine astrale Nabelschnur zustande, dann erfährt unser individuelles Beziehungsfeld eine Ausweitung, es wird mitunter regelrecht aufgeblasen. Dabei kommt es zur Abspaltung von Energiebewußtsein oder von Feldteilen, die dann die besondere Energieform dieser Beziehung bilden.

Stark verdichtete Energieformen besitzen ebenso wie die Aura eine *feinstoffliche Räumlichkeit*, d.h., sie haben in der Astralebene eine bestimmte Form. Sie können von sensitiven Menschen sogar wahrgenommen werden. Außerdem beziehen sie sich auf einen bestimmten Anknüpfungspunkt, auf den sie gerichtet sind. In unserem Fall ist der Kontaktpunkt die andere Person, genauer ihr Nabelchakra.

Als Bild könnte man sich das so vorstellen: Die geballte Information einer feinstofflichen Energieform wandert entlang des Energiekanals und ...

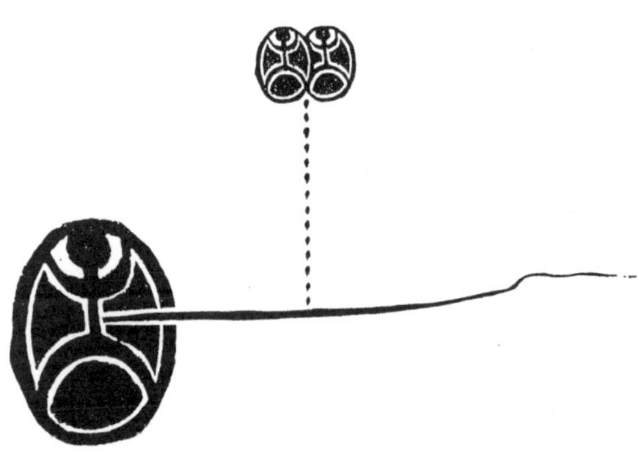

... kommt beim Astralzwilling am anderen Ende an.

Eine unsichtbare Begleiterin aus Wünschen und Trieben

Im Grunde verweilt die Energieform jedoch ständig in der Sphäre beider Personen, denn die Informationsübermittlung erfolgt in Sekundenbruchteilen. Sie ist ein Gebilde aus allen Vorstellungen, die die beiden in ihre Beziehung legen, vernetzt mit den Beziehungsfeldern der Grundvorstellungen die sie über Partnerschaften haben.

Dies hält den Rapport über die astrale Nabelschnur am Laufen. Zwei so verbundene Menschen sind auf der Astralebene in ständigem Kontakt, egal wieviele Kilometer ihre physischen Körper voneinander getrennt sind und unabhängig davon, ob sie gerade aneinander denken.

Die unbewußte Vernetzung der Beziehungsfelder ist vor allem dann von Nachteil, wenn sich problematische Muster darin befinden. Diese sickern über den *heißen Draht* in die aktuelle Verbindung ein und beeinflussen sie oder sorgen zumindest für Mißtrauen und Mißverständnisse, indem sie Nebensächliches energetisch aufblasen. Die permanente Teilhabe an der Energieform der Beziehung tritt besonders dann in den Vordergrund, wenn ein extremes psychisches Interesse dauerhaft aufrechterhalten wird bzw. wenn die Beziehung aus bestimmten Gründen nicht ins eigene System integrierbar ist, so daß nach der ersten Phase der Verliebtheit keine Erdung eintritt, die die Beziehung auf den Boden der individuellen Realitäten stellt.

Erträumte Beziehungen

Dies kann auch der Fall sein, wenn es sich um eine heimliche Beziehung handelt, eine verbotene oder nicht gesellschaftskonforme Verbindung. Die Begriffe Traumfrau und Traummann passen ebenfalls hierzu. Sie beziehen sich auf zwischenmenschliche Beziehungen, die weitgehend im astralen (unbewußt-emotionalen) oder im mentalen (bewußt-gedanklichen) Bereich stattfinden. Diese Beziehungen kommen mit wenig oder gar keinen physischen Manifestationen (handfesten Rendezvous) aus, sind im feinstofflichen Bereich aber durchaus real, manchmal so sehr, daß sie sogar PSI-Manifestationen beim Traumpartner bewirken können.

Unerreichbarkeit der begehrten Person nährt die Phantasie

Meist ist das Objekt der Begierde aus irgendwelchen Gründen in der physischen Realität unerreichbar, entweder verheiratet, weit entfernt oder auch nur beziehungsunwillig, aber es werden Vorstellungen, Phantasien und Wachträume über diesen Menschen aufrechterhalten, die sich mit der Zeit mit Emotionen aufladen und Triebe wecken. Auf diese Weise wird die Energieform geladen.

Gibt die andere Person in irgendeiner Weise, vielleicht auch nur unbewußt (z.B. durch Schuldgefühle: „weil der/die Arme meinetwegen Liebeskummer hat") , Resonanz, dann kann eine solche Beziehung auch eine machtvolle astrale Nabelschnur ausbilden. Dies entspricht unter anderem dem Wirkprinzip von Magie. Wenn ein Mensch seine gedanklichen oder emotionalen Kräfte auf etwas Bestimmtes richtet, schafft er zunächst einmal eine energetische Form. Diese Energieform wird so dicht und kompakt sein, wie das Interesse des Senders stark ist.

Um sich in der grobstofflichen Welt zu materialisieren, muß die Energie eine sehr konzentrierte Form haben und lange genug aufrechterhalten werden. Nebenbei Gedachtes und Gefühltes verblaßt schnell wieder. Eine stark konzentrierte Energieform, am Beispiel der Verliebtheit ein Bündel aus Gedanken, Gefühlen, Vorstellungen, Trieben kann auf die andere Person einen ständigen Einfluß ausüben, da sie ja wie eine unsichtbare Begleiterin in ihrer Sphäre verbleibt.

Erhält eine solche Energieform jedoch keine Resonanz von der Gegenseite (z.B. im Falle einer einseitigen „Traumbeziehung"), dann läßt sich auch keine astrale Nabelschnur anknüpfen. Zum Glück, denn sonst müßten die heißbegehrten Popstars oder Kinogrößen und andere Menschen, die in der Öffentlichkeit stehen, vollkommen vernetzt mit ihren

Fans durchs Leben gehen. Im näheren Bekanntenkreis wird sich das erträumte Wesen wohl schnellstens physisch zurückziehen, sobald sie oder er sich der astralen Belästigung bewußt wird.

Gefahr der krankhaften fixen Idee

Dann aber wirkt die Energieform mit Sicherheit auch zwanghaft auf den Urheber zurück und kann ihn dazu anstacheln, immer noch mehr Energienahrung in dieses Feld hineinzuphantasieren, was oft dazu führt, daß ein Mensch die Ebene einer Verbindung völlig verkennt. Die andere Person mag reine Freundschaft im Sinne haben, während der Träumer aus der kleinsten Freundlichkeit eine Liebeserklärung macht, was dem Traum nur neue Nahrung gibt. Im Extremfall bildet sich eine krankhafte fixe Idee heran, die einer psychotherapeutischen Auflösung bedarf.

Anzeichen und Auswirkungen der astralen Nabelschnur

Sichtbare Ähnlichkeit

Genaue Einschätzung ist wichtig

Woran läßt sich nun erkennen, ob im Einzelfall eine tatsächliche astrale Energieverbindung besteht oder ob dies nur einer Einbildung entspringt? Ein Rapportgeschehen über eine Energieverbindung oder astrale Nabelschnur verrät sich durch vielerlei Symptome, in die man sich freilich zum Teil auch hineinsteigern kann, wobei dann Fehlurteile über Mitmenschen Mißtrauen und Ärger säen.

Nicht jede/r tritt dir astral nahe, von dem du gern hättest, daß sie/er es täte. Hier ist genaue Prüfung vonnöten, vor allem, wenn es sich um noch nicht lange bestehende Bekanntschaften oder um die unbekannte Person, die neulich vor dir auf der Staße ging, handelt. Es gibt aber einige Anzeichen, die so offensichtlich sind, daß kaum Zweifel bestehen dürften.

Verwischung der Grenzen

Langfristig bewirkt ein Rapport auf der psychischen Ebene eine Verwischung der Grenzen eigener und fremder Bedürfnisse. Wir müssen uns hier tatsächlich so etwas wie astrale siamesische Zwillinge vorstellen. Es sind nicht zwei Individuen, die einander begegnen und miteinander kommunizieren, sondern es ergibt sich zunehmend ein astraler Doppelorganismus, der die Färbung des dominanteren der beiden Pole hat. Dadurch entsteht eine energetische Abhängigkeit voneinander.

Der Schöpfungsprozeß des gesamten Universums funktioniert auf der Basis der Verdichtung von Energie. Wenn Energie sich zu Form verdichtet, entsteht Materie.

Eine spezifische Energieform bringt keine unterschiedlichen Materialisationen hervor, sondern eben nur die eine, die ihrem Plan entspricht. Auf der physischen Ebene können daher bei Rapportpartnern mit den Jahren erstaunliche Ähnlichkeiten der Gesichtszüge, der Haltung, der Gestik und

Frappierende Ähnlichkeit

Mimik etc. auftreten. Dies erklärt die oft frappierende Ähnlichkeit älterer Ehepaare. Hierin zeigt sich dann die letzte Konsequenz der astralen Verschmelzung. Beide Personen haben ihre Individualität aufgegeben und sind eins geworden. Stirbt einer der beiden, lebt der andere Partner meist auch nicht mehr lange.

Dies ist zweifellos der Extremfall einer astralen Nabelschnur. Aber es gibt auch Varianten dieses Phänomens. Ich selbst lebte einige Jahre in Dauerrapport, also in sehr enger Beziehung, mit der ganz großen Liebe. Als der Klavierdozent meines Freundes, eines Musikstudenten, eines Tages zu uns zum Essen kam, rief er unvermittelt aus: „Ihr gleicht euch ja wie Schwestern!“ Objektiv sahen wir uns wohl kaum so ähnlich, heute verstehe ich jedoch, daß unsere astrale Nabelschnur uns als energetische Geschwister offenbarte. Der Mann hatte die feinstoffliche Situation spontan wahrgenommen und in dieser merkwürdigen Formulierung wiedergespiegelt.

Mir war das damals natürlich nicht bewußt, aber heute sehe ich ganz klar, daß die extreme Polarisierung aus der psychisch-energetischen Verbindung und dem sehr engen Zusammenleben entstand.

Partnerlook als Sinnbild der Verschmelzung

Dem sichtbar gemachten Verschmelzungsbedürfnis mancher Paare entspricht auch der zeitweise sehr populäre Partnerlook in Kleidung und Haartracht. Der Trend zur künstlich hergestellten optischen Angleichung ist mehr als nur modische Spielerei: Dahinter steckt der tiefe Wunsch nach Identifikation mit dem Partner und oft auch eine extreme Variante der astralen Nabelschnur, die zum Zwillingsorganismus tendiert.

Das Auftreten von PSI-Phänomenen

Paranormale Phänomene

Auffallend ist bei psychisch-energetischen Dauerverbindungen eine Häufung an PSI-Phänomenen. Telepathische Übertragungen sind keine Seltenheit, ebenso wie spontaner medialer Empfang. Dies kann in Form von bildhaften Visionen, Träumen, der Stimme des Partners etc. geschehen. Dazu gehört auch der emotionale Gleichklang oder eine etwas gesteigerte Variante von Mitgefühl. So können zwei Personen, die im astralen Rapport stehen, im selben Moment dieselben Gefühle haben. Ist die eine Person vielleicht gerade traurig, weil ihr etwas Bestimmtes widerfahren ist, so wird auch die andere von plötzlicher, grundloser Traurigkeit überfallen.

Übertragung von Emotionen

Es tauchen also innerhalb eines Rapportgeschehens oft unerklärliche Stimmungsschwankungen auf, die zumindest bei einem der beiden Beteiligten, keinen Bezug zum Jetzt haben. Hierbei muß aber geklärt werden, ob bei der betroffenen Person vielleicht von Haus aus eine depressive Neigung besteht, die Gemütsschwankungen hervorruft. In dem Fall ist dann nicht ausschließlich die spezielle Kontaktperson der Auslöser. Möglicherweise könnte aber auch eine andere Nabelschnur die Depression verursachen.

Solche Fälle lassen sich empirisch erfassen und so auch überprüfen. Wenn auffällige Stimmungsschwankungen häufig auftreten, dann ist es hilfreich, die Zeitpunkte zu notieren und hinterher mit der anderen Person abzugleichen. Hatte sie zum selben oder annähernd selben Zeitpunkt dieselben Emotionen, dann ist eine enge psychische Verbindung anzunehmen. Hier ist zu beachten, daß auch längere zeitliche Verschiebungen in der Übertragung auftreten können, wenn beispielsweise zum exakten Zeitpunkt die Kontaktperson mit wichtigen, sie sehr in Anspruch nehmenden Dingen beschäftigt ist. Dann setzt ein psychischer Filter dem Einfluß unbewußter Inhalte und Informationen Schranken, die erst fallen, wenn die Person zur Ruhe kommt. Da die Gefühle an der Tür warten, bis sie wahrgenommen werden, kann es sein, daß sie z.B. erst abends nach der Arbeit verspürt werden.

Das folgende Bild illustriert den Dauerrapport, der aus einem beständigen Gedankenstrom und einer symbiotischen astralen Nabelschnur besteht. In diesem Zustand fließt ständig Energie und es leuchtet ein, daß dies für beide unangenehm und zwanghaft ist.

Der mentale und astrale Dauerrapport

Medialer Empfang benötigt eine *astrale Kontrolle*

Zum medialen Empfang ist noch zu sagen, daß ein Medium, das feinstoffliche Informationen einholt, absichtlich in einen ähnlichen Rapport mit der Klientin tritt und eine psychisch-energetische Verbindung knüpft.

Allerdings erfolgt sie in dem Fall besser nicht von Mensch zu Mensch, sondern über eine astrale „Kontrolle", einen Kontakt in der geistigen Welt, wie z.B. den Geistführer des Mediums. Dieser ist eine psychische Instanz, die als Filter und Schutz für *beide* Seiten dient und so einer Übertragung unerwünschter Energien vorbeugt. Der direkte Rapport von Mensch zu Mensch ruft eine energetische Vermischung hervor, die z.B. bei einem Geistheiler dazu führen könnte, daß er die krankhaften Energieformen der Patienten mit aufnimmt. Ohne entsprechende Schutzmaßnahme sollte daher keine Energieübertragung vorgenommen werden.

Mein Lehrstück in Sachen Auraschutz

Ich traf einmal einen Menschen mit starken medialen Fähigkeiten, der noch keine bewußte Verbindung zu seinem Geistführer erlangt hatte, aber dennoch fleißig als Heiler und Wohltäter auftrat. Er besaß ein spontan erhaltenes Halbwissen über energetische Zusammenhänge, vermutlich aufgrund früherer Inkarnationen. Dies machte ihn zu einem sogenannten *natürlichen* Medium. Solche schlagartig erlangten starken PSI-Kräfte lassen sich oft schwer in Grenzen halten. Er kompensierte sie daher, indem er häufig und auch gedankenlos bis völlig unbewußt damit arbeitete. Dieser Mann, den ich hier Marcello nennen will, arbeitete in einem Friseursalon, und während er den Leuten die Haare ondulierte, las er ihre Aura und schlug allerlei seiner Ansicht nach notwendige Manipulationen vor, wie Chakrareinigung, Energieübertragungen etc. Gingen die Leute darauf ein, dann machte er sich abends nach der Arbeit auf der Astralebene ans Werk. Soweit ich weiß, arbeitete er vorwiegend über Trance und Astralwanderungen, worin er besonders geübt war. Nach der Arbeit beendete er die astralen Kontakte jedoch nicht.

So zog er sich Dutzende von Rapporten zu und wunderte sich, warum er unter plötzlichen und unerklärlichen Schweißausbrüchen, Unwohlsein, Verstimmungen oder Energieabfall in seinem System litt. Andererseits bezog er aber eine große psychische Aufwertung aus der Tatsache, daß so viele ihn brauchten. Instinktiv ordnete er die Phänomene richtig zu, aber es war ihm nicht klar, daß er sie selbst verschuldete. Er fühlte sich als kosmischer Kanal, und die Bedürftigen, die mit ihm verknüpft waren, durften jederzeit aus seinem Quell trinken. Mir erklärte er, wenn ich Energie bräuchte, *dann könne ich jederzeit bei ihm welche holen.*

Es erübrigt sich, zu erwähnen, daß ein solch leistungsstarker Kanal allenfalls ein Heiliger in völliger Verschmelzung mit dem gewählten Archetypus sein könnte. Marcello war ganz offensichtlich kein Heiliger und so ließen Machtwahn und Narzißmus hinter dieser falsch verstandenen Menschenliebe auch nicht lange auf sich warten. Allerdings muß ich dazu sagen, daß es sich bei Marcello um einen Menschen mit extrem ausgeprägten PSI-Fähigkeiten handelte, die er beständig übte und die er auch ganz ungezwungen dazu einsetzte, um sich durch Machtausübung und psychische Beherrschung anderer Vorteile zu verschaffen.

Einleuchtend erscheint mir in dem Zusammenhang seine Behauptung, daß Medien wie er nie sehr alt würden. Da kein gewöhnlicher Mensch ein kosmischer Dauerkanal sein kann, zehrte Marcellos *Vernetzungs-Praxis* natürlich auch seine eigene Substanz auf.

Der Mann mit dem Guru-Sog

Auch ich landete in diesem Netzwerk und durfte so erleben, wie es jenen ergehen kann, die sich mit einem solch obskuren Heiler energetisch verknüpfen. Einer der Gründe war auch, daß Marcello und ich eine ausgeprägte karmische

Verbindung hatten. Zudem wartete er nicht immer die bewußte Erlaubnis eines Menschen ab, bevor er auf der Astralebene Einfluß auf das Energiefeld nahm. Außerdem ging von ihm etwas aus, was ich als *Guru-Sog* bezeichnen will: Es schien jegliche Grenze zwischen uns zu fehlen, und ich hatte von Anfang an die Empfindung, als ob er nicht mir gegenüber am Tisch, sondern in mir drin säße. Dieses Phänomen steht in direktem Zusammenhang mit der astralen Nabelschnur und ihrer manipulativen Funktion. Diese Verbindung war es, durch die ich im Besonderen auf die feinstoffliche Komponente von Kommunikation und Beziehungen aufmerksam geworden bin, und aus diesen Erlebnissen resultiert das vorliegende Buch. Ich werde im folgenden immer wieder auf diese Geschichte zurückgreifen, weil sie die Phänomene eines astralen Nabelbandes besonders gut zeigt. Wenn jedoch zwei weniger sensitiv veranlagte Menschen in eine derartige Verbindung treten, werden sich viele PSI-Phänomene weitaus schwächer und seltener offenbaren oder vielleicht gar nicht zu bemerken sein.

Energetische Abhängigkeit

Verliebtheit ist keine *Himmelsmacht*

Nicht jede astrale Nabelschnur ist von vornherein von absichtlicher Machtausübung begleitet. In der Phase der Verliebtheit scheint die Macht eher von außen zu kommen. Gott, das Schicksal oder sonst eine Himmelsmacht werden hier bemüht, um die Intensität der Verbindung zu begreifen. Es sind jedoch weder himmlische, noch Schicksalsmächte, die eine solche Verzauberung hervorrufen, sondern die Auswirkungen der astralen Nabelschnur.

Die warme Badewanne der Verliebtheit ist ein Energieschub, der auch in physischer Abwesenheit der geliebten Person zu einem rauschartigen Schwebezustand führen kann. Unbewußt findet ein ständiger Energiefluß statt, der besonders zunimmt, wenn das geliebte Wesen herzlich an uns denkt, was ja in den Anfängen einer jeden Beziehung häufig der Fall ist. Eine astrale Nabelschnur bildet sich immer aufgrund gesteigerten Interesses und starker Gefühle. Die meisten Menschen wollen zu Beginn einer Beziehung so schnell wie möglich alles über den neuen Partner wissen. Vergangene negative Erfahrungen, Angst vor Enttäuschung oder Sicherheitsbedürfnisse sind oft Grund für massive psychisch Kontrolle. Leider spüren wir über die Nabelschnur auch unterschwellig die Eifersucht, Unsicherheit und Verlustangst des Partners, da alle Emotionen in Rapport gehen.

Jede Verliebtheit hat ihre Grenzen

Im Normalfall erdet sich diese Phase mit der Zeit, d.h., es findet eine Abnabelung auf der Astralebene statt. Man kennt sich jetzt, weiß Bescheid über den anderen Menschen und hat genügend Vertrauen gefaßt, um ihn/sie loszulassen. Dann können die beiden Partner sich als Individuen begegnen, die sich trotz aller Unterschiede, Distanzen und Eigenheiten weiterhin mögen und sich gegenseitig ihre Eigenräume lassen.

Oft wollen jedoch beide dieses besondere Etwas an der Beziehung nicht missen, weil es mittlerweile die Verbindung zu definieren scheint. Das Fehlen des Dauerrapports wird als Nichtvorhandensein der Beziehung gefürchtet. Dann entsteht das, was ich *astrales Eigenleben* einer Energieverbindung nenne.

Der astrale Rapport ist es dann nämlich, der die Beziehung bestimmt, und nicht mehr das bewußte Tun und Lassen der Beziehungspartner und noch viel weniger ihre wahren Gefühle füreinander. Die machtvolle Energieform der astralen Nabelschnur wird hier beständig versuchen, sich auch physisch zu manifestieren. Es kommt soweit, daß die Partner ohne einander nicht mehr sein können. Gleichzeitig spüren sie aber, daß im symbiotischen Miteinander kein Raum mehr für Individualität bleibt.

Die ganz große Liebe scheitert am Loslassen

So entsteht die Doppelbindung „... nicht mit dir und nicht ohne dich ...", die zuletzt bei gesundem Selbsterhaltungstrieb die Beziehung sprengt oder im negativen Fall in der Zerstörung bzw. Einverleibung einer der beiden Beteiligten mündet. An dieser Stelle endet oftmals eine Beziehung, die als *ganz große Liebe* begann. Sie scheitert am gegenseitigen Loslassen, was paradoxerweise den Fortbestand einer Beziehung gewährleistet. Das straffe Nabelband, die energetische Symbiose, die einst die besondere Nähe bescherte, gefährdet die Individualität der Beteiligten.

Eine Beziehung läßt sich jedoch nicht ohne ein gewisses Maß an Distanz aufrechterhalten. Die Sucht nach der andauernden energetischen Verschmelzung deutet in den meisten Fällen auf ungelöste Probleme mit der eigenen Mutter hin. Die Ursachen sind in der frühen Kindheit zu finden, wo die Mutter gegenüber dem Kind einen starken Kontrollanspruch ausübte, und möglicherweise besteht immer noch eine massive astrale Nabelschnur zwischen beiden. Dieses Band kann in Ehe oder Partnerschaft einen Wiederholungsreflex auslösen. In dem Fall muß auch diese Nabelschnur mitgelöst werden, wenn eine dauerhafte Veränderung stattfinden soll.

Die Sucht nach dem Mutterschoß

Bei vorhandenen Suchtstrukturen kann auch eine körperliche Abhängigkeit von dem *Energiekick,* der das eigene Energiefeld durch diese Beziehung auflädt, entstehen. Hier findet sich das gesamte Spektrum von Sucht bis zu Entzugserscheinungen, die durchaus physische Form annehmen können.

Energievampire

Die energetische Abhängigkeit offenbart sich im Austausch meist durch Auslaugung der stärkeren Person. Dies gilt nicht nur für feste Beziehungen. Manchmal treffen wir im Alltag auf Menschen, in deren Gegenwart unser Energieniveau mehr oder weniger schnell abnimmt, so als würden wir geradezu leerlaufen. Sinnfällig ist hierbei, daß es der betreffenden Person oft großartig geht. Vor den ewig Jammervollen suchen wir schon instinktiv das Weite, aber dieser Mensch ist weder krank, noch klagt er über irgend etwas, auch das Gespräch hatte kein schwerwiegendes, anstrengendes Thema. Und trotzdem fühlen wir uns danach entleert und geschwächt.

Passiert dies im Kontakt mit der Person immer wieder, so ist anzunehmen, daß wir einen energetisch abhängigen Menschen vor uns haben. Sucht hat viele Gesichter und es kann sein, daß dieser Mensch bereits eine astrale Nabelschnur zu uns unterhält. Dem anderen nun seine Sucht vorzuwerfen, bzw. über den unbewußten und unsichtbaren Akt zu diskutieren, ist ebenso unsinnig wie zwecklos, zumal wir teilweise selbst die Verantwortung für die Energieverbindung tragen. Allerdings wäre es auch selbstschädigend, einen Energiesüchtigen wie eine Mutter ihr Kind am eigenen Energiefeld zu nähren. Außerdem wird dadurch die Struktur von Sucht und Abhängigkeit nur weiter verfestigt. Es ist also - auch für die bedürftige Person - besser, wenn du stillschweigend und ohne viel Aufhebens das Band kappst und dich in Zukunft entsprechend schützt. Beides beschreibe ich weiter hinten noch genau.

Energiesüchtige müssen lernen, sich selbst aufzuladen

Vielleicht ist die energieraubende Person aufgeschlossen für Methoden der Chakra- und Energiearbeit, mit deren Hilfe sie ihr Energiefeld selbst aufladen kann. Auch Kristalle oder Kraftgegenstände mögen hilfreich sein und können diese Menschen davon abhalten, sich an Mitmenschen anzuhängen. Vielleicht magst du der Person Vorschläge in dieser Richtung machen. Aber überlasse es ihr, zu entscheiden, ob sie handeln will oder nicht.

Süchtige zu retten ist immer ein schwieriges Unterfangen. Wenn du dich hier zu sehr hineinsteigerst, stellt sich nämlich die Frage, ob du gerade diese Leute brauchst, um den Retter spielen zu können. Außerdem muß jeder Wunsch nach Veränderung oder Therapie von dem Menschen selbst kommen. Nur dann, aus freiem Willen handelnd, kann überhaupt eine Wirkung erzielt werden.

Achte auch weiterhin auf deinen Schutz, dann wird dir kein „Energieräuber" mehr etwas anhaben. Das bedeutet keineswegs eine Grausamkeit gegenüber dem anderen Menschen: Vielmehr bietet ihm dies die Möglichkeit, eigene Energiequellen zu entdecken. Du kannst mit der Person ganz normal und liebevoll kommunizieren und dabei trotzdem deine Grenzen wahren.

Wenn du standhaft bleibst und die Astralverbindung nicht annimmst, kann die Person jedoch zu euer beider Vorteil von dir unabhängig werden und bleiben.

Spürbare Anwesenheit

Ein anderes merkwürdiges Phänomen ist das Gefühl, daß die energetisch verbundene Person ständig anwesend sei. Sie befindet sich also nicht nur im Kopf, sobald wir an sie denken, sondern es scheint, als ob sie im Raum stünde. Das ist tatsächlich keine Einbildung, sondern kommt bei Menschen, die das Astralwandern beherrschen, öfter vor.

Der Astralkörper kann sich unbewußt lösen

Der Astralkörper kann sich auch unbewußt und ungewollt auf Wanderschaft machen, z.B. während des Schlafes. Es ist aber auch möglich, daß sich nur Teile davon verselbständigen. Allen, die mit Astralwanderungen experimentieren oder spontan solche Erfahrungen hatten, rate ich deshalb, auf ihre „Siebensachen" achtzugeben. Man kann dem Astralkörper nämlich auch verbieten, in der Gegend herumzustreunen. Hierbei leistet der visualisierte Schutzkreis gute Dienste (siehe im Abschnitt „Energiearbeit und Schutz").

Die Übertragung astraler Energie kann materielle Manifestationen erzeugen

Bei o.g. Phänomenen wird über die Nabelschnur energetische Substanz in solchem Maße übertragen, daß es sogar zu materiellen Manifestationen kommen kann. Das kann im Einzelfall zu deutlich hörbaren Geräuschen unerklärlicher Herkunft führen, die auch andere Personen im Raum vernehmen oder auch zum spürbaren Gefühl einer Berührung oder eines Gewichtsempfindens am Körper (z.B. so als ob einem jemand irgendwo die Hand auflegt). Seltener und von anderen Faktoren, wie z.B. den Lichtverhältnissen, abhängig ist die sichtbare Erscheinung der Person.

Häufig ist der Adressat der Astralübertragung persönlich nicht empfänglich für diese Art der Zuwendung. Dann wird sich die übermittelte Energie, sofern sie stark genug konzentriert ist, im Umfeld entladen und dabei in der Regel zur Absicht des Absenders passende Manifestationen erzeugen: Es fällt dann beispielsweise nicht irgendein Bild zufällig von der Wand, sondern sinngemäß das Foto des Betreffenden, der auf sich aufmerksam machen will.

Es besteht also immer ein sinnfälliger Zusammenhang zwischen der Energie und der Ausformung, die aus ihr entsteht. In Verbindung mit Marcello erlebte ich eine ganze

Reihe solcher Vorkommnisse, die zum Teil signifikant für seine Einflußnahme waren. Ursprünglich kam er zu mir wegen eines Horoskops. Wir merkten schnell, daß wir ein gemeinsames Interessengebiet hatten und seltsamerweise verspürte er von Anfang an das Bedürfnis, „er müsse mir alles erzählen", was er mit seinen PSI-Kräften anstellte.

Dies gab mir später dann die Gelegenheit, meine Wahrnehmungen zu überprüfen. Die gesamte Begegnung schien irgendwie mystisch überfrachtet zu sein, und bei mir wuchs der Wunsch, die Geheimnisse zu lüften. Ich begann, diese *grenzenlose Tiefe,* die er ausstrahlte, dadurch zu entschärfen, daß ich mir genaue Notizen von allen Begegnungen und Wahrnehmungen machte und daß ich beizeiten mit anderen Menschen darüber sprach. In der Reflektion erhärtete sich meine zunächst nur unbestimmte Annahme, daß Marcello sich aufgrund seiner PSI-Fähigkeiten doch für relativ erleuchtet hielt.

Den Guru-Sog durch rationale Klarheit entschärfen

Im Zuge unserer Gespräche versuchte Marcello mehrmals, mich zu missionieren, denn er nahm für sich in Anspruch, den einzig richtigen Glauben zu haben. In der Tiefe seines Herzens brodelte ein Kampf des Guten gegen das Böse, den er beständig auf seine Außenwelt projizierte. Ich weiß, daß er auch über die PSI-Verbindung versucht hat, mein Bewußtsein zu wandeln, weil ich im Gespräch nicht darauf einging. Da auch diese Beeinflussungen nicht fruchteten, stürzten sich seine massiven Gedankenformen auf meine eigenen spirituellen Symbole. Meine Gegenstände fielen um oder gerieten sonstwie durcheinander, ohne daß jemand sie berührt hatte. Marcello hingegen warf mir vor, ich wäre ihm gegenüber zu festgefahren und mißtrauisch!

Missionarische Bestrebungen

Meine gesamte Wohnung erschien mir immer wieder wie von fremder Energie erfüllt. Nachts fielen Blumentöpfe herab, zweimal innerhalb einer Woche betätigte sich die Toilettenspülung von selbst, wobei ich geneigt bin, dies als mein eigenes Symbol anzunehmen: Ich hätte nämlich die gesamte Geschichte, auf die ich mich da eingelassen hatte, einschließlich Marcello, ganz gern einfach fortgespült! Jedoch sind Vorfälle mit Wasser oft ein synchronistischer Fingerzeig aus der

Bedeutsame Symbole durch das Wasserelement

geistigen Welt. Du erinnerst dich, daß die Astralebene dem Wasserelement angehört; das Element Wasser steht mit unseren Emotionen in Verbindung. Auf der grobstofflichen Ebene sind das Wasser oder wäßrige Flüssigkeiten die passende Entsprechung. Wenn deine Intuition dich auf psychische Vorgänge aufmerksam machen will, dann erscheint oft Wasser als Symbol, z.B. im Traum, in den Tarotkarten (Kelche) oder eben im Alltag in Form seltsamer Phänomene.

Die Wohnung hingegen oder das eigene Zimmer ist im Grunde unsere dritte Haut (die zweite ist die Kleidung) und ein Symbol unserer selbst. Sie ist unser Nest, unser Schutzraum. Mein Rapportpartner Marcello, der sogar Manifestationen in meiner Wohnung verursachte, saß also ganz kräftig in mir drin.

Manifestationen sind nichts Übernatürliches

Solche Phänomene tauchen niemals ohne energetischen Zusammenhang auf. Sie sind keine übernatürlichen Zeichen und Wunder, sondern Manifestationen von Energie. In Verbindung mit Menschen wird die Energie durch psychische Kräfte wie starke Wünsche, Triebe, Emotionen erzeugt, die nicht immer positiven oder freundlichen Ursprunges sind.

Wir alle kennen die Berichte von bedeutsamen Manifestationen dieser Art zum exakten Todeszeitpunkt eines Menschen. Hier findet offenbar eine ähnliche Energieverbindung, wie die astrale Nabelschnur ihren Niederschlag. Aber die Tatsache, daß Manifestationen passieren, ist nicht immer auf einen Todesfall zurückzuführen, da, wie wir gesehen haben, auch Lebende derartige Phänomene erzeugen können.

Viele Menschen bekommen jedoch in solchen Fällen Angst, einmal, weil solche Erscheinungen etwas Unheimliches an sich haben, das möglicherweise Zweifel an Verstand und eigener Wahrnehmung aufwirft, und zum anderen, weil sie glauben, der geliebte Mensch könne in Not sein. Hier sind aber viele Befürchtungen, die die Phänomene der astralen Nabelschnur begleiten können, völlig überflüssig.

Nicht den Kopf verlieren!

In solchen Situationen ist es hilfreich, so realistisch und erdhaft wie möglich zu bleiben. Der Boden der Tatsachen ist ein sicheres Terrain, auf dem Übersteigerungen und Ängste wenig Nahrung finden. Die Übertragung astraler Substanz, die so stark ist, daß sie Manifestationen erzeugt, ist in der Tat ein massiver Einfluß, der im ersten Moment erschreckend wirkt und oftmals einem Angriff gleichkommt. Hier ist es besonders wichtig, die Nerven zu behalten. Die anderen haben genau jene Macht über dich, die du ihnen zugestehst, nicht mehr und nicht weniger: es liegt also auch an dir, wie du eine solche Situation meisterst.

Es gibt auch weniger massive Erscheinungen energetischen Eindringens. Wenn der Rapportpartner keine besonders starken PSI-Fähigkeiten besitzt, wird er kaum Gegenstände in deiner Wohnung umwerfen. Aber die sensitiven Sinne in deiner Aura spüren die fremde Energie dennoch und es kann sein, daß du dein Verhalten insinktiv und über eine symbolhafte Handlung veränderst.

Symbole unseres Schutzinstinktes

Der Schutzinstinkt kann sich z.B. über ein verstärktes Bedürfnis, die Wohnungstür abzuschließen, obwohl du sie sonst immer nur zugezogen hast, äußern. Auch plötzliche Furcht vor Einbrechern, die du früher nie hattest und die auch auf kein entsprechendes Erlebnis zurückzuführen ist, kann ein Zeichen energetischen Eindringens sein. Beachte auch Träume, in denen du Räume verriegelst, wo es um Türen und Grenzen, Zäune, Mauern usw. geht, oder jene, wo du unfreiwillig nackt herumläufst, also nicht durch die zweite Haut geschützt bist. In diesen Fällen schadet es nicht, Wohnung und Aura besonders gut zu schützen.

Fremde Einflüsse vertreiben

Neben den weiter hinten beschriebenen Methoden von Verteidigung und Schutz gibt es viele andere praktische Möglichkeiten, unangenehme Einflüsse zu unterbinden. Nach der ersten Schrecksekunde solltest du Berührungsempfindungen sofort mit einer gezielten Handbewegung vom Körper wischen. Hat die Manifestation unerklärliche Geräusche nicht nachweisbaren Ursprungs erzeugt, dann setze ein eigenes Geräusch oder auch ein lautes „Nein!" oder „Raus hier!" dagegen (das mag dir lachhaft vorkommen, aber der Klang deiner Stimme hat eine unglaublich stabilisierende Wirkung) oder lege eine dir angenehme, kraftvolle Musik (keinen Schmachtfetzen!) auf. Lüfte den Raum, möglichst mit leichtem Durchzug. Sorge für ausreichende Beleuchtung.

Erscheinungen verflüchtigen sich im hellen Licht und es wird dich beruhigen, wenn du mit eigenen Augen siehst, daß kein echter Einbrecher im Raum ist.

Werde dir bewußt, daß es sich bei all diesen Vorgängen um normale energetische Erscheinungen handelt. Das gesamte Universum besteht aus reiner Energie. Nichts im Kosmos ist übernatürlich, nur weil die Forscher den Mechanismus noch nicht kennen. Menschen erzeugen mitunter Energiewogen, die Derartiges vollbringen können und viele wissen gar nichts davon. Für dich ist dies ein Zeichen, daß du dich gegen die Person stärker abgrenzen mußt, auch im Alltag, im Reden und Handeln. Unterlasse es auf jeden Fall, wenn dir klar ist, wer hinter diesen Phänomenen steckt, die Person nun deinerseits mit wütenden oder auch beschwichtigenden Gedanken zu attackieren. Vermeide Gefühle wie Haß, Rache oder Angst, denn dadurch sicherst du dem Angreifer den Zugriff und schaffst nur neue Verbindungen. Jeder Kampf gegen etwas nährt genau das, was er bekämpft! Außerdem könntest du selbst der Initiator der Verknüpfung sein, und das was du jetzt spürst, unbewußt selbst gerufen haben. Es besteht die Gefahr, daß du dich dabei in etwas hineinsteigerst, was du allein nicht mehr in den Griff bekommst.

Keine Gegenattacke!

Erde dich sofort nach so einem Erlebnis, d.h., konzentriere dich auf etwas Körperliches, Diesseitiges. Denke nicht an die Person. Iß einen Happen und bemühe dich, jeden Bissen langsam zu kauen und genau hinzuschmecken. Fühle, wie das Essen durch die Speiseröhre rutscht und im Magen ankommt usw. Auch ein Stückchen Schokolade ist ein guter Erdstoff! Dies hilft dir, wieder auf den festen Boden der materiellen Wirklichkeit zu kommen.

Für Erdung sorgen

Rendezvous auf der Astralebene

Die Traumverbindung

Eine schwächere Variante dieses Phänomens von Energieübertragung ist derselbe Traum zum selben Zeitpunkt. Das Traumgeschehen spielt sich im Unbewußten ab, das in die Astralsphäre reicht. Der Astralkörper kann sich unbewußt während des Schlafs lösen und dort umherwandern. Bei einem aktiven Dauerrapport wird er sich entlang des Energiebandes zum Zwillingswesen bewegen, da von ihm eine mächtige Anziehung ausgeht. So kann es vorkommen, daß sich beide am nächsten Morgen dieselbe Traumgeschichte erzählen.

Ein besonderes Phänomen der Energiemanifestation ist der *astrale Geschlechtsverkehr*, der bei der betroffenen verknüpften Person unter Umständen zu ganz handfesten physischen Resultaten führen kann. Dies geschieht meist in Unwissenheit und aus lauter Liebe, oder auch ganz bewußt im Stile einer astralen (phantasierten oder erträumten) Triebbefriedigung. Sexuelle Energie ist eine machtvolle Kraft. Sofern jemand in der Lage ist, seine Energien derart zu bündeln und auf ein Ziel auszurichten, daß eine kompakte Energieform entsteht, die PSI-Manifestationen erzeugt, kann er (rein theoretisch!) auch echte Berührungen manifestieren. Wenn sexuelle Gier eine Energieform erschafft, dann ist klar, was für eine Manifestation erzeugt wird. Dies kann von unvermittelt auftauchenden starken Empfindungen an den Geschlechtsteilen, die nicht immer lustvoll sein müssen, bis zum Orgasmus aus heiterem Himmel, ohne jedes Wollen oder Zutun, führen.

Hierbei ist jedoch erwähnenswert, daß derartige körperliche Erscheinungen auch bei anderen starken Rückkopplungen aus dem Unbewußten erzeugt werden können (z.B. traumatische Erinnerungsfetzen, die durch bestimmte Umstände ins Bewußtsein hochkommen). Solche Phänomene bedürfen selbstverständlich einer rationalen Überprüfung, bevor ein anderer Mensch dafür verantwortlich gemacht wird.

Der Verfolger auf der Astralebene

In dem Roman von Alexandra David-Neel *Liebeszauber und Schwarze Magie* ist beschrieben, wie sich ein finsterer Yogi auf diese Weise mit der Energie einer Frau bereichern wollte, die er des Nachts mit seinem Astralkörper besuchen kam. Dies erinnert an die Incubi und Succubi, die dämonischen Geistliebhaber, die bei uns im Mittelalter so gefürchtet waren. Allerdings glaube ich, daß es auch eine Menge gefälschte Incubi gab, die ganz handfeste, lebendige Kinder gezeugt haben. Freilich ließ sich dieser schwer nachweisbare Zusammenhang auch zur Vertuschung unstatthafter Affären verwenden.

In okkulten Kreisen ist es jedoch kein Geheimnis, daß sexuelle Kraft in andere Kanäle umgeleitet, die PSI-Fähigkeiten stärken soll, und manche Menschen versuchen mittels sexueller Praktiken spirituelle Energien zu eröffnen.

Man spricht im Yoga auch vom Aufsteigen der Kundalini, der Kraft, die sich wie eine Schlange aus dem Bauchbereich heraus zum Scheitel hin aufrollt. Übungen dieser Art gehören in erfahrene Hände, da diese Praxis bei Ungeübten mehr Schaden als Gutes anrichtet.

Leidenschaften züchten Energievampire

Auch ist es nicht zu empfehlen, eine reine Astralbeziehung zu einem anderen Menschen absichtlich zu unterhalten. Es bedeutet immer ein Ungleichgewicht, wenn Empfindungen, die mit dem physischen Körper zusammenhängen, ins astrale Traumland verlagert werden. Hierbei wird ein großer Teil des Menschen auf die Astralebene verlagert und der Körper, sowie das echte zwischenmenschliche Zusammensein, verleugnet. Es stirbt ein Teil der menschlichen Lebendigkeit dabei. Außerdem werden durch die starke Aufladung machtvolle Energieformen sexueller Phantasien geschaffen, die auch auf den Urheber zurückwirken und zum Energievampir werden können. Wer seine Phantasien nicht beherrscht, wird zum Spielball emotionaler und triebhafter Impulse!

PSI-Fähigkeiten und Sexualenergie liegen also nahe beisammen. Wenn sich ein Strom starker Emotionen und Triebkräfte auf eine Person richtet, so können derartige Energiewesen auch von Menschen, die keinerlei okkulte oder magische Interessen haben, erzeugt werden.

Astralterror

Selbstverschuldeter Verfolgungswahn

Es ist möglich, daß die im vorigen Abschnitt genannte Art von Phänomenen durch einen fortbestehenden Energierapport zwischen zwei Menschen im schlimmen Fall einen regelrechten - zum Teil auch selbstverschuldeteten - Verfolgungswahn auslöst. Ich habe den Fall einer Frau erlebt, wo der astrale Rapport nach als beendet erklärter physischer Liebesbeziehung fortgesetzt stattfand und sich in Träumen, Visionen und anderen seltsamen Manifestationen äußerte. Da sie es war, die die Beziehung gelöst hat, fühlte sie sich verständlicherweise verfolgt und terrorisiert dadurch; andererseits hatte sie sich ausgedacht, sie könne ihren Expartner durch *telepathische Suggestion freundlicher Gedanken* beruhigen. Dadurch verstärkte sie jedoch seinen Zugriff nur noch und festigte das Band.

In so einem Fall tritt ein magisches Gesetz in Kraft: Wenn jemand ein Energielasso irgendwohin schwingt, so kann es auch von der Gegenseite als Datenautobahn benutzt werden! Jede Verbindung wirkt immer zweiseitig. Erst als die Frau anfing, sich auch auf der Energieebene völlig abzugrenzen und zu schützen, hörten die Phänomene langsam auf.Im Grunde hatte sie sich zwar physisch getrennt, aber unterschwellig fühlte sie sich ihm gegenüber schuldig.

Psychische Intensität verwirrt die Wahrnehmung

Dabei beachtete sie nicht, daß der Mann sich nun auch auf der konkreten, physischen Ebene wie ein entmachteter gieriger Eigentümer ihr gegenüber verhielt (was er vermutlich immer schon getan hatte, aber im Positiven verbrämen wir dies gern als Leidenschaft). Sie glaubte, er würde schweren Kummer leiden, weil sie sich von ihm getrennt hatte. Dabei verwechselte sie seine Machtgier mit tiefer Liebe. Das war ein fataler Irrtum. Sie wollte nicht wahrhaben, daß dieses Machtspektakel nichts mit Liebe zu tun hat, sondern von seinem Ego ausging. Echte Liebe will niemals einen Menschen zwingen oder verletzen. Die Frau mußte unbedingt auch den Gedanken, daß da noch Liebe im Spiel sei, loslassen. Das ist oftmals, wenn eine Beziehung jahrelang bestanden hat, sehr schwer einzusehen.

Bei sehr sensitiven Menschen ist es zudem manchmal schwierig, zu unterscheiden, ob die Phänomene, die sie erleben, objektiv durch Fremdeinfluß erzeugt sind oder ob sie aufgrund emotionaler Krisen von ihren eigenen, unkoordinierten PSI-Kräften hervorgerufen werden. Es ist jedoch zur Abhilfe gleichgültig, ob sich jemand gegen fremde Energien schützt oder gegen den eigenen Impuls, sich an andere oder an Überlebtes und Vergangenes festzuhängen. Im Grunde gilt hier der Schutz auch vor den Inhalten der früheren Energieform der Beziehung, die sich beim vereinbarten Ende einer Verbindung nicht sofort auflöst, sondern noch eine Weile bestehen bleibt und umgewandelt werden muß.

Tragischerweise liegt im Trennungsprozeß oft die größte Erkenntniskraft, was Struktur und Charakter der Beziehung und ihrer Beteiligten angeht. Häufig erweist sich erst in den Kämpfen danach das wahre Gesicht der Liebe, die als große Leidenschaft begann.

Aufgrund der Fortexistenz der Energieform oder astralen Nabelschnur gelingt es auch selten, die Beziehungsebene übergangslos zu wechseln, z.B. von einer Partnerschaft oder sexuellen Verbindung hin zur reinen Kameradschaftsebene. Hier braucht es immer einen Bruch, eine zeitliche völlige Trennung, um die gemeinsame Form wirklich zu deprogrammieren. Der Astralterror im o.g. Fall entstand zum großen Teil auch deshalb, weil die Frau sehr wohl noch an dem Mann festhielt und nur die sexuelle Beziehung aufgeben wollte, was für ihn vielleicht unverständlich war, denn das gemeinsame Beziehungsfeld existierte ja noch.

Jede astrale Nabelschnur beruht auf Gegenseitigkeit

Immer ist es die *eigene* innere Erlaubnis, die das Anknüpfen einer astralen Nabelschnur und den fremden Zugriff ermöglicht. Aus diesem Grunde ist es sinnlos, dem anderen Vorhaltungen zu machen oder zu verlangen, er/sie solle jetzt endlich loslassen, zumal der energetische Einfluß auch meist unbewußt ist.

Das Andocken eines Astralrapports

Langfristig wird sich durch Energiearbeit und Selbsterkenntnis das eigene psychisch-energetische Beziehungsmuster ändern, und dies ist der beste Schutz vor solchen Übergriffen. Unpassende Energieverknüpfungen fallen dann ebenso weg wie die Anknüpfungspunkte im eigenen Energiefeld, die diese Menschen benutzen könnten.

Wehe, das Zwillings-Ich macht einen Fehler!

Eine ausgesprochen negative Erscheinung der von der astralen Symbiose erzeugten Distanzlosigkeit ist die Tatsache, daß jeder vermeintliche Fehler der anderen Person als ein eigenes Versagen empfunden (und geahndet) wird. Daher stammt oftmals die kleinkarierte, destruktive Nörgelei, die viele Beziehungen versauert. Hierzu gehören auch die berühmten falsch ausgedrückten Zahnpastatuben und der schon wieder verkehrt aufgehängte Bademantel und das „Immer sage ich dir, du sollst doch nicht ..." Menschen, die selbst niemals Fehler machen, werden dies beim astralen Zwilling selbstverständlich auch nicht dulden, denn er ist ja (fast) ein Teil ihrer selbst. Genörgelt wird, weil der Zwilling die Erwartungen nicht erfüllt, die die andere Person eigentlich an sich selbst stellt!

Die Übertragung der Erwartungen funktioniert mit der Zeit unausgesprochen, d. h., der Astralzwilling weiß, was von ihm erwartet wird und spürt beständig den Druck der anderen Person. In dem Zusammenhang ist erwähnenswert, daß es astrale Nabelschnüre nicht nur in Liebes-, Verwandtschafts- und Freundschaftsbeziehungen gibt, sondern daß auch viele Arbeitsverhältnisse diese psychische Einverleibung enthalten.

Übergriffe und Mißbrauch

Die extreme Zugehörigkeit und Verschmelzung, die von der astralen Nabelschnur ausgeht, führt oft auch zu Übergriffen und Grenzübertretungen in der irrigen Ansicht, daß in einer Beziehung (Familie, Freundschaft, Arbeitsgemeinschaft) alles erlaubt sei. Die Astralzwillinge betrachten einander als Besitz, und in der Tat bilden sie in gewisser Weise ja eine Einheit. Tatsächlich wird durch die energetische Verbundenheit oft die echte Motivation von Handlungen verwischt („Du kennst mich ja und weißt, daß ich es nicht so meine.") und somit Mißbrauch in jeder Form Tür und Tor

Projektionen der eigenen Wünsche und Triebe

geöffnet. Hier kann es dann zur Befriedigung von Bedürfnissen auf Kosten der anderen Person kommen, indem die eigenen Bedürfnisse über das Energieband projiziert werden. Die verbale Entsprechung ist hierzu „Du willst es doch!". Aufgrund der astralen Vermischung entsteht bei der anderen Person unterschwellig der tatsächliche Eindruck eigener Wünsche, bzw. eine Identifikation mit den fremden Bedürfnissen. Dies führt jedoch zu großer innerer Verwirrung, weil der noch vorhandene individuelle Seelenanteil dem natürlich nicht zustimmt.

All dies sind Formen astralen Terrors, der zur Verunsicherung und zur Unterminierung der Integrität des schwächeren Pols der Beziehung führt. Terror funktioniert über Angsterzeugung und Verunsicherung. Hinter dem Astralterror, der durch einen Rapport entstehen kann, steckt immer ein gehöriges Maß an Machtanspruch und Kontrolle desjenigen, von dem er ausgeht, gepaart mit starker Abhängigkeit von der Person, auf die er sich richtet und die durch den erzeugten Druck umgeformt und verändert werden soll.

Körperliche Symptome

Übertragung der Krankheitssymptome

Im Zusammenhang mit der astralen Nabelschnur können auch physische Erscheinungen auftreten. Da es sich um eine energetische Vermischung handelt, können beispielsweise Krankheiten bzw. deren Symptome übertragen werden. Dies ist nicht in Form einer Ansteckung zu sehen! Es bedarf hierzu, vor allem bei schweren Krankheiten, oft jahrzehntelangen Energieaustauschs, bis der Zwillingsorganismus - ähnlich wie bei der äußerlichen Angleichung - auch in dieser Hinsicht eins wird. Hier bildet sich dann mit der Zeit eine entsprechende psychische Struktur, die dieselbe Anfälligkeit für eine bestimmte Krankheit auslösen kann. Es ist also das psychische Muster, das übertragen wird, nicht die Krankheit selbst.

Ich sehe hier einen Zusammenhang zu Krankheiten, bei denen Vererblichkeit angenommen wird. Kinder nehmen oft

Verhalten und Charakterzüge ihrer Eltern an, besonders der gleichgeschlechtlichen Elternteile. Zudem bestehen die frühkindlichen Astralverbindungen bei vielen Menschen bis weit ins Erwachsenenalter hinein.

Der Zusammenhang von Krankheit und Psyche

Wenn davon ausgegangen wird, daß eine bestimmte Krankheit das Abbild einer bestimmten, innerpsychischen Haltung (= Energiestruktur des Menschen) ist, dann ist es auch logisch, daß diese Haltung das bestimmte Krankheitsbild erzeugt. Es gibt ja auch Nachweise spontaner Heilungen, die durch eine Verwandlung der inneren Haltung erreicht wurden. Krankheiten und Psyche sind also eng miteinander verwoben, und ein psychosomatischer Mechanismus kann über die astrale Nabelschnur weitergegeben werden.

Mir ist ein Fall bekannt, wo ein inzwischen getrennt lebendes Paar regelmäßig zur selben Zeit an den gleichen Zipperlein erkrankt. Von der Frau weiß ich, daß sie den Mann niemals aufgegeben hat und sich insgeheim eine Erneuerung der Beziehung erhofft.

Streßsymptome sind übertragbar

Aber es muß sich nicht immer gleich um Krankheiten handeln. Auch ein verspannter und straffer Solarplexus ist ein häufiges Symptom. Energetische Einflüsse lösen Streßsymptome im eigenen System aus. Telepathie kann sogar Veränderungen im physischen Körper bewirken. Sheila Ostrander und Lynn Schroeder berichten in ihrem Buch *PSI* über die langjährige Forschung Douglas Deans am New Yorker Ingenieur-College, die gezeigt hat, daß eine Veränderung des Blutvolumens im Körper eintritt, wenn eine telepathische Botschaft den Empfänger erreicht. Das Bewußtsein erkenne dies nicht - aber ein spezielles Gerät, das Schwankungen des peripheren Blutvolumens im Finger registriert, könne diese Veränderung unfehlbar messen.

Telepathische Botschaften im Körper

Nun glaube ich aber, daß eine solche subtile Veränderung im Körper von einem empfindlichen Menschen durchaus wahrgenommen wird. Je nach Intensität des telepathischen Senders machen sich unerklärliche Unruhe oder Unwohlsein bemerkbar, während die Gedanken vielleicht zwanghaft mit der Person beschäftigt sind. Auf diese Weise will unser Unterbewußtsein uns auf den telepathischen Sender oder gar

Ein Ziehen am Solarplexus verriet den Nabelpartner

Eindringling aufmerksam machen. In der Zeit mit Marcello wußte ich durch ein bestimmtes Ziehen am Solarplexus jedesmal, wenn er intensiv an mich dachte. Ich hatte Gelegenheit, die Zeitpunkte im Nachhinein mit ihm abzugleichen, und es stellte sich jeweils eine genaue Übereinstimmung heraus!

Ebenfalls zeitgleich verspürte ich die - angeblich unbedingt notwendige - Chakrareinigung, die ich ihm gleich zu Anfang, leichtsinnig und neugierig wie ich war, erlaubt hatte, was natürlich dazu beitrug, die Nabelschnur um so fester zu knüpfen. Natürlich war ich froh, auf jemanden zu stoßen, der den „üblen" Zustand meiner Chakras sehen konnte und sich auch gleich anerbot, Abhilfe zu schaffen! Ich fiel zeitgleich mit ihm am anderen Ende der Energieleitung in eine Art Trance und war anschließend einige Tage krank. Auch ihm ging es nicht gut. Er wies dieselben Symptome auf wie ich!

Das Schlimme an der Sache war, daß er selbst nicht wußte, was er bei anderen Menschen auslöste und was bei seiner Art von Energiearbeit passieren kann. Mir war das damals nicht klar, aber heute weiß ich: Es ist grundsätzlich nicht normal, daß eine derartige Vermischung der Zustände bei Energiearbeit entsteht. Diese Begegnung hat mich von meiner Gutgläubigkeit in diesen Dingen geheilt. Energiearbeit für andere erfordert ein hohes Maß an Verantwortung und Achtung vor der anderen Seele und ihrem Karma und außerdem genügend Selbsterkenntnis, um die eigenen psychischen Bedürfnisse aus den Angelegenheiten der Heilungsuchenden herauszuhalten.

Einem Quacksalber keine Energiebehandlungen gestatten

Ich kann dir aus eigener Erfahrung nur abraten von der Behandlung durch Bader und Quacksalber, die nicht aus Menschlichkeit und Liebe arbeiten, sondern um ihre Egobedürfnisse zu befriedigen. Auch wenn spirituelle Heilkräfte meist spontan empfangen und nicht durch ein Universitätszertifikat belegt werden können, so ist dies kein Freibrief für selbsternannte „Heiler", an ihren Mitmenschen herumzupfuschen. Hier sind die Patienten zur Eigenverantwortung aufgerufen und sollten auf die Seriosität der Person, der sie ihr

Vertrauen schenken, achten. Diese drückt sich jedoch nicht durch ein besonderes Auftreten, Charisma oder gar einen Heiligenschein aus. Ein seriöser Heiler wird dir in jedem Falle vorher genau sagen, was er kann (und was nicht!), was er tut und welche Nebenwirkungen eintreten können. Und er wird für eine Energieübertragung keinen direkten Rapport mit sich selbst knüpfen bzw. danach jede Verbindung wieder auflösen. Außerdem wird ein seriöses Medium oder eine gute spirituelle Heilerin nicht versuchen, dir Angst einzujagen, damit du ihre Dienste in Anspruch nimmst.

Verspannungen und Beklemmungen

Weitere körperliche Symptome einer unerwünschten psychisch-energetischen Verbindung treten in Form von Verspannungen oder Beklemmungen im Brustraum oder an der Wirbelsäule auf. Der energetische Einfluß der anderen Person mag uns wie eine Last auf der Schulter (eine zu große Verantwortung) oder eine Faust im Nacken (heimliche Bedrohung) erscheinen.

Die Haut ist die körperliche Grenze

Vielleicht nimmt er uns die Luft weg (Überwältigung) oder schnürt uns ein wie in ein Korsett (Einschränkung der Freiheit). Nervosität, Atemnot, Druck auf der Brust oder sogar Anfälle bei Asthmatikern, sowie Magenbeschwerden jeder Art (z.B. flaues Gefühl, Erbrechen) gehören ebenfalls zum Sympomkreis, wie auch alle Krankheiten, die auf Schutz oder Grenzprobleme hinweisen z.B. Hautprobleme (Haut = Abgrenzung zur Außenwelt), brüchige Nägel (stehen für Schutz, Krallen zeigen) oder Nierenprobleme (Nieren = Partnerkonflikte).

Auffällige Schlafstörungen

Ich selbst erlebte mehrmals eine offensichtliche Übertragung von Schlafstörungen mit einer energetisch verknüpften Person. Es handelte sich, trotz physischer Trennung jedesmal um dieselbe Art von Störung, die bei uns beiden auftrat und exakt den selben Zeitraum beanspruchte. Als ich die Nabelschnur (die sich allerdings noch anderweitig bemerkbar machte) bewußt erkannte und löste, trat dieses Phänomen nie wieder auf. Anzumerken ist, daß sich danach unsere Beziehungsstruktur völlig veränderte. Die Person ließ zunächst drei Monate nichts von sich hören, obwohl sie sonst ein- bis zweimal pro Woche anrief. Auch ich verspürte nicht den geringsten Drang, mich meinerseits zu melden. Danach stellte sich ein gelegentlicher normal-freundlicher Kontakt ein, der nach meinem Empfinden dieser Freundschaft angemessen ist.

Synchronisierung des Menstruationszyklus

Bei Frauen kommt es auch zur Angleichung des Menstruationszyklus. Fälschlicherweise wird oft angenommen, daß eine derartige Symbiose nur bei Menschen, die in häuslicher Gemeinschaft leben, vorkommt. Dies stimmt jedoch nicht: eine astrale Nabelschnur kann auch im beruflichen Umfeld oder im weiteren Bekanntenkreis bestehen.

Mir ist klar, daß all die körperlichen Symptome auch andere organische Ursachen haben können. Selbstverständlich müssen Erkrankungen medizinisch behandelt werden, da sie sich, auch wenn sie Symptom der energetischen Verbindung sind, bereits im eigenen Energiefeld etabliert haben. Das alleinige Ablösen des Energiebandes hilft hier wenig; es kann aber einen positiven Einfluß auf den Gesundungsverlauf nehmen, wenn äußere Beeinflussungen unterbrochen werden. Auch möchte ich nicht einer einseitigen Schuldzuweisung im Sinne von „du machst mich krank" Vorschub leisten. Deshalb erinnere ich nochmals daran, daß jeder Energierapport beidseitig ist. Irgendwann einmal gab es eine Grundlage von Sympathie, auf der die astrale Nabelschnur von den Beteiligten installiert wurde und viele Menschen halten mit Vehemenz an Beziehungen fest, die für sie ganz offensichtlich ungesund und grenzverletzend sind.

Nicht der Partner macht dich krank

Es sind also beide verantwortlich, allerdings nicht unbedingt zu gleichen Teilen. Jeder Mensch ist anders und so hat auch jeder eine andere Neigung zu Symbiose. Eine astrale Nabelschnur, die 50 : 50 von beiden Partnern getragen wird, mag in störungsfreier Anpassung aneinander, Jahre hinweg gut funktionieren. Es kann auch passieren, daß eine psychoenergetische Verbindung längere Zeit unbemerkt bleibt, bzw. nicht unangenehm auffällt, weil keinerlei größere Probleme auftreten. Ist jedoch eine der Personen stärker auf energetische Verschmelzung aus als die andere, kommt es zwangsläufig früher oder später zu Machtkämpfen, Konkurrenzverhalten und zum Kampf um Individualität und Eigenraum.

Individuelle Veranlagung zu einer astralen Nabelschnur

Der energetische Zwillingsorganismus

Die machtvolle Verschmelzung der Astralzwillinge

Zur genauen Diagnose einer astralen Symbiose ist es wichtig, die innere Disposition zur Bildung von energetischen Nabelschnüren zu kennen. Was bewegt Menschen dazu, sich derart fest zu verbinden?

Es gibt Menschen - leider nur sehr wenige - die von Natur aus gefeit oder geschützt sind gegen solche Abhängigkeiten. Auch wird nicht jedes psycho-energetische Band als störend oder überwältigend und beengend empfunden. Energiebänder begleiten ganz normal jeden Kommunikationsprozeß.

Merkmal eines nicht eingehängten astralen Telefonhörers ist die resultierende Dauerverbindung, die aus zwei Menschen im Astralbereich nahezu einen einzigen energetischen Organismus macht. Dies geht mit gegenseitiger energetischer Abhängigkeit einher, weshalb eine häufige Auffrischung durch physische Kontakte erforderlich wird. Sehr starke Sehnsucht ist meist ein Indikator für das Vorhandensein einer astralen Nabelschnur. Hierauf beruht auch die (durchaus berechtigte) Furcht mancher Menschen, die glauben, sie könnten sich in einer Beziehung verlieren. Sie wagen es oft nicht, sich der Liebe zu öffnen. Andernfalls schaffen sie es erfahrungsgemäß beim Eingehen einer Verbindung nicht,

Die Furcht, sich in Beziehungen zu verlieren

den Hörer wieder einzuhängen. Das, was sie so sehr fürchten, ist der Dauerrapport des astralen Nabelbandes, das sie jedoch selbst mitverursachen.

Anhand der Symptomaufzählung wurde ersichtlich, daß der schwächere Pol einer Energiesymbiose tatsächlich mit der Zeit sich selbst, seine Eigenheiten, sein Sosein und vielleicht sogar seine Vitalität und Gesundheit zugunsten des dominanten Partners verliert. Der Zwillingsorganismus bedingt jenes starke Wir-Gefühl, das keine Eigenheiten mehr duldet. Daraus resultiert ein Machtkampf, der im Grunde ein Kampf um Individualität ist. Und dabei entstehen Schuldgefühle, denn jeder Schritt in die Eigenständigkeit des einzelnen wird vom Zwillingsorganismus als Schritt gegen den Partner und folgerichtig gegen die Existenz des Zwillingsorganismus gewertet. Die machtvolle Energieform der Nabelschnur behauptet sich nun selbst und dirigiert beide Partner so, daß sie selbst nicht gefährdet ist.

Die Energieform bestimmt die Partnerbeziehung

In einem solchen Fall bestimmen nicht mehr die beiden Beteiligten, sondern die machtvolle Energieform der Beziehung das Miteinander. Dies ist eng verwandt mit den Problemen, die ein Magier bekommen kann, wenn er seiner eigenen PSI-Geschöpfe nicht mehr Herr wird, weshalb es notwendig ist, sie zu zerstören, bevor sie zu stark werden.

Ohne es zu wissen, werden unsterblich Verliebte auf diese Weise zu Zauberlehrlingen, die ein Energiegeschöpf aus sich selbst hervorbringen. Diese Energieform bildet in ihrem astralen Eigenleben die Metaebene der Verbindung. Eine grenzenlose energetische Verschmelzung sorgt auf diese Weise für eine Menge Leid und Mißverständnisse, fernab des Bodens der materiellen Realität.

Der Zwillingsorganismus in der Liebe ist auch ein Produkt von Beziehungsmythen, die uns in mannigfacher Form in Kino und Fernsehen oder in der Popmusik begegnen. Hier wird ein Bild konstruiert, das uns vormacht, daß richtige Liebe immer ein Sich-Verzehren in allerhöchster Intensität zu sein hat. Die Wetterfahne des Zeitgeistes steht auf Sturm, und was heute nicht einen echt starken Kick der Gefühle verschafft, geht bedeutungslos in einem knallbunten Meer von

Reizen unter. Wirklich unter die Haut gehen nur noch Superlative, und so müssen auch Emotionen massiv sein, damit sie wahrnehmbar sind.Wir kennen zudem den klassischen Mythos der *Seelenzwillinge*, jener zwei Hälften, die einst ein Ganzes gebildet haben sollen. Gemeint sind damit Menschen, die einander auf das engste *seelenverwandt* sind, was nichts anderes heißt, als daß deren Gefühlsempfinden identisch sei. Ich meine, daß hierbei eine *erträumte oder ersehnte Verwandtschaft* in eine Beziehung hineingeheimnist wird.

Sogenannte Seelenverwandtschaft

Die emotionale Seelenebene funktioniert zum Großteil unbewußt. Sie entzieht sich also dem Zugriff unseres Bewußtseins. Auf diese Weise verschwinden unvereinbare Seelenteile der beiden Partner oft in der Tiefe des Unbewußten, während sie sich höchste Übereinstimmung einreden. Der tiefe Wunsch nach dem Seelenzwilling verhindert paradoxerweise gerade die echte Auseinandersetzung mit der ganzen Seelentiefe des anderen.

Hier wird eine mystische Verbindung herbeigeredet, die am Menschen und an der echten Liebe vorbeigeht. Außerdem haben wir gesehen, was mit der Zeit in einer Beziehung passiert, in der jede Unterschiedlichkeit der beiden Beteiligten in einer verschmolzenen Einheit egalisiert wird. Wir finden dann nicht zwei einander zugetane Einzelwesen, sondern zwei, durch ihre Körperhaftigkeit schmerzlich getrennte Halbheiten, die voneinander abhängig sind, weil sie nur gemeinsam zu einem Gefühl von Ganzheit gelangen. Für mich ist der Mythos der Zwilligsseele ein Produkt der astralen Nabelschnur, die in so einem Fall wahrscheinlich karmischen Ursprungs ist. Möglich, daß die Partner in einer früheren Existenz ein extrem symbiotisches Zusammenleben pflegten, das nun im Wiederholungsfall das *Wiederfinden* des Seelenzwillings suggeriert.

Machtstrukturen in Beziehungen

Die astrale Nabelschnur birgt immer ein Machtgefälle und Konkurrenzverhalten. Eine Beziehung, Freundschaft oder

Macht und Konkurrenz

sonstige zwischenmenschliche Verbindung, in der beide Partner keinerlei Macht *übereinander* ausüben, wird hauptsächlich über Herz- oder Kehlkopfchakra kommunizieren oder auch über das erlöste Nabelchakra.

Eigen-Macht als Erlösung

Hier hat sich das Machtpotential einer Person durch Entwicklungsprozesse und Erkenntnis von der unerlösten oder blockierten Form von Macht über andere oder über Situationen zur positiven Form der *Eigen*-Macht (=Macht über das eigene Ego und über das Unbewußte) gewandelt.

Eigenmächtig ist ein Mensch, der Selbsterkenntnis besitzt und der weiß, welchen Platz er im Universum einnimmt. Hier kommt also noch eine spirituelle Komponente ins Spiel. Die Eigenmächtigen überlassen Gott oder der kosmischen Ordnung das Regieren und nehmen ganz schlicht ihren Platz als Teilchen des Ganzen ein. Dadurch führen sie ein ruhigeres Leben und haben es nicht nötig, sich durch Macht über andere Vorteile zu verschaffen. Zur Eigenmacht gehört eine spirituelle Geborgenheit im Kosmos und das Anerkennen der Kreisläufe aus Werden und Vergehen. Ein solcher Mensch kommuniziert über das Nabelchakra in sozialer Verantwortung und Liebe, sowie Mitgefühl für alle Menschen.

Das unerlöste Nabelchakra, richtet sich auf Macht und Kontrolle aus. Es agiert in purem Egoismus und über Willensdurchsetzung ohne Rücksichten. Hier trifft die alte Weisheit, daß jeder, der nicht Herr über sein eigenes Selbst ist, gern den Willen des Nachbarn beherrschen würde!

Verbal äußert sich dies in Rechthaberei um jeden Preis. Mit Vehemenz wird die einzige Wahrheit, nämlich die, die dem eigenen Vorteil dient, vertreten. Andere Sichtweisen gelten wenig. Der Mensch kreist nur um sich selbst.

Das unerlöste Nabelchakra blockiert den Energiefluß

So ist das Chakra in der Regel auch eine Barriere für den Energiefluß entlang der Wirbelsäule, der alle Chakras miteinander verbindet. Die sexuelle emotionale Vitalenergie kann also nicht zum Herz und in die oberen Chakras aufsteigen, sondern sammelt sich im Machtzentrum. Dieser Mensch verwechselt Liebe mit Macht und auch die Art und Weise seiner Kommunikation wird davon bestimmt. Die tieferen Gefühle jedoch bleiben vom Erleben abgekoppelt. Hier finden wir

Sexualität nur um der rein körperlichen Befriedigung willen. Oft degeneriert sie zum Mittel der Macht über andere, oder sämtliche Beziehungen werden unterschwellig sexualisiert. Sexualität und Gefühle werden als zwei getrennte Bereiche wahrgenommen, die nicht zugleich empfunden werden können, bzw. die dadurch voneinander getrennt gehalten werden, daß zwei Partnerschaften existieren, eine sexuelle und eine rein platonische. Häufig ist die sexuelle Lust an Macht/Ohnmacht-Empfindungen gekoppelt; die Herzensgefühle werden dafür verbal thematisiert. Endlose Monologe über Gefühle verhindern das wirkliche Erleben der eigenen Herzlichkeit.

Sexualität als Machtausübung

Zugehörigkeit wird in diesem Stadium nicht über ein Herzensband, sondern über die astrale Nabelschnur erzeugt. Die angeknüpfte Person dient hierbei mitunter als Brücke im Energiekreislauf, denn sie reflektiert beides, sowohl sexuelle Körperlichkeit als auch Herzgefühl und schafft so eine Verbindung zwischen Sakral- und Herzchakra. Durch die andere Person kann der Mensch dann die eigenen Gefühle überhaupt erst wahrnehmen. Dies führt in das Dilemma der Abhängigkeit vom anderen, denn wird die Verbindung getrennt, dann ist die Barriere des unerlösten Nabelchakras wieder voll wirksam und der Mensch von seiner Gefühlswelt im Herzen wieder schmerzlich abgeschnitten. Dies ist der Grund, warum jede Manipulation an der astralen Nabelschnur mit Verlustangst besetzt ist. Der Mensch fürchtet das Abgeschnittensein von der eigenen Gefühlswelt.

Wahre Nächstenliebe erwächst aus Selbstachtung und Selbstliebe

Hieraus wird verständlich, warum wahre (Nächsten-)liebe nur aus der erfüllten Liebe zu sich selbst, d.h. aus dem freien Fluß der Energie vom Wurzel- und Sakralchakra zum eigenen Herzen resultiert. Nur dann ruht der Mensch in sich und hat ein offenes Herz, für sich selbst und auch für andere. Die vielbesungene große Liebe ist meist von ebenso großem Egoismus durchsetzt. Anfangs, im Sturm der Leidenschaft, wird dies oft nicht erkannt, wenn aber die Nabelschnur fest installiert ist, machen sich zunächst beklemmende Gefühle breit, und meist sucht einer der Partner Abstand, was der andere als unerträgliche Distanz und Verlassenwerden erfährt.

So nährt sich ein Teufelskreis, der sich immer weiter aufschaukelt, bis es zum Bruch kommt. Dadurch wird das Band auf der Astralebene oft gewalttätig abgerissen. Dies passiert auch ohne bewußte Imagination. Dabei entsteht eine *astrale Wunde*, auf die sehr bald ein passender Ersatz aufgepfropft wird. Oder die beiden Partner knüpfen die Astralverbindung nach dem Bruch erneut, was in manchen Paarbeziehungen zu einem turnusmäßigen Rhythmus von Trennung und Wiederaufnahme führt.

Die astrale Wunde ist ein Loch in der Aura

Eine Wunde in der Aura kann auch bei Menschen entstehen, bei denen die Abnabelung von der Familie ruckartig vor sich geht, entweder durch einen Bruch im Streit oder durch Todesfall. Sie knüpfen dann bei „Ersatzeltern" an.

Fragebogen

Zur Diagnose einer astralen Nabelschnur sollte man sich also folgende Fragen stellen:

- Wie gehen die Beteiligten mit Macht um?
- Wie egoistisch sind sie?
- Wie narzißtisch sind sie? Oder besser: was bilden sie sich auf sich und ihre große Liebe ein?
- Wie ist die Macht in der Beziehung verteilt? Versucht eine Person (oder beide gegenseitig) - vielleicht auch nur in Teilbereichen - Macht über die andere auszuüben?
- Konkurrieren die beiden miteinander? Fühlt sich die eine grundsätzlich schwächer (häßlicher, unfähiger, minderwertiger etc.) als die andere?
- Werden persönliche Grenzen und Anderssein akzeptiert oder als Disharmonie und persönliche Beleidigung empfunden?
- Wie stehen die Menschen zu ihren Eltern (zu früheren Partnern)? Nähren sie unbezwingbaren Haß und/oder Unverzeihlichkeit für Dinge, die früher einmal passiert sind?

Eine Haltung von: „Die Eltern sind an allem schuld! Wenn sie anders zu mir gewesen wären, dann wäre ich heute besser dran." zeugt vom Nachhängen. Oder besteht eine starke, unglaubwürdige Idealisierung der Personen aus der guten alten Zeit? („Ich hatte die schönste Kindheit und die allerliebsten Eltern, die immer das Beste für mich getan haben. Da war nie etwas Negatives, und ich war nie unglücklich. Ach, wenn ich doch wieder Kind wäre!")

In beiden Fällen, sowohl unter Haß wie auch Idealisierung, besteht meist eine unaufgelöste Verbindung im Astralen. Die Astralebene beinhaltet für das Individuum auch das persönliche Reich der Emotionen. Starke, dauerhafte Emotionen für jemanden bilden immer eine entsprechende Energieform und binden uns so an den Adressaten.

Menschen, die astral nicht von den Eltern oder früheren Partnern abgenabelt sind, waren, unabhängig von ihrem Alter, seit der physischen Ablösung der jeweiligen Beziehungen noch nicht wirklich bei sich. Sie haben die Astralsymbiose noch nicht verlassen und neigen daher ganz stark zur Bildung neuer Symbiosen. Daran ändert auch ein großer räumlicher oder zeitlicher Abstand zu den betreffenden Personen nichts.

Auch der Tod erlöst nicht

Noch nicht einmal der Tod einer astral verknüpften Person befreit uns automatisch von der Bindung. Auf der Astralebene laufen die Uhren anders als in der physischen Realität, und die Dimension des astralen Raumes entspricht nicht der räumlichen irdischen Distanz. Gemessen an der Zeitlichkeit und Räumlichkeit, die sich innerhalb unserer planetaren Biosphäre entwickelt hat, sind astrale Zeit und astraler Raum nahezu ewig.

Der systemische Zwang der alten Strukturen

Die Frage nach unabgelösten Astralrapporten aus früheren engen (Verwandtschafts-)Beziehungen ist von größter Wichtigkeit. Alte Rapporte unterlaufen häufig jede neue Bekanntschaft von Anfang an. Betrachten wir die astrale Nabelschnur als ein lebendiges Energiegeschöpf (dessen Inhalt ein ganz bestimmtes psychisches Muster oder System ist), dann wird klar, daß dieses Energiewesen auch in einer neuen Beziehung gerne weiterleben und sich reproduzieren will. Daraus mag im Extremfall ein starker Zwang zur Herstellung der immergleichen leidvollen Beziehungsstrukturen resultieren.

Eine unaufgelöste astrale Nabelschnur aus einer längst vergangenen Beziehung zu einem Elternteil oder Partner kann immerhin zu Beginn einer neuen Liebe noch eine Projektion der alten Muster auf die neue Person bewirken, was zum echten Liebestöter werden kann. Das wirkliche Sosein des anderen Menschen hat hierbei ersteinmal gar keine Chance, wahrgenommen zu werden, denn die noch vorhandene Nabelschnur dominiert das Geschehen. Sie klopft den neuen Partner oder die neue Partnerin auf brauchbare und unbrauchbare Strukturen ab und knüpft zielsicher die Verbindungen, auf die die alten Projektionen passen.

Da in dem Fragment der alten Energieform auch alle gehabten negativen Erfahrungen, unerfüllte Wünsche, Verletzungen etc. abgespeichert sind, werden diese nun auch durch die Neuverknüpfung mit Energie genährt und somit wiederbelebt. Das ist der Grund, warum zu Beginn einer Partnerbeziehung oftmals bald ein altes Problem scheinbar auftaucht, wo sich aber dann hinterher, wenn das Ganze offen angesprochen wird, herausstellt, daß dieses Problem in der neuen Beziehung gar nicht existiert. Die Sache beruht auf der Verwechslung von Partner B mit Partner A (oder dem bösen/guten Elternteil). Je nachdem, wie sehr ein Mensch selbst an diesen energetischen Fragmenten hängt, desto größer ist deren Einfluß auf jede neue Partnerschaft.

Alte Beziehungen wirklich loslassen

Deshalb sollte im besten Fall die alte Verbindung aufgelöst werden, bevor eine neue Beziehung beginnt. Manchmal arbeitet ein Mensch die Astralfragmente (abgespaltene, verdrängte Gefühlsanteile) aber auch innerhalb einer neuen Beziehung auf, wenn er nämlich auf einen Partner oder eine Partnerin trifft, die die Versuche der astralen Anknüpfung konsequent verweigert, so daß neue und machtfreie Beziehungskonzepte entwickelt werden müssen. Dann trocknen die Reste der astralen Nabelschnur energetisch aus und verblassen bis hin zur völligen Auflösung.

Eine wirklich abgelöste und von astralen Fragmenten befreite frühere emotionale Verbindung läßt sich daran erkennen, daß sie von heftigen, überzogenen Emotionen befreit ist. Das heißt nicht, daß man die Menschen dann gar nicht mehr mag oder daß sie einem gleichgültig sein müssen. Liebe drückt sich dann über das Herz aus, das einen ruhigen

Fluß von Gefühlen, getragen von gegenseitiger Akzeptanz und Achtung, erzeugt. Haß oder gar Rachegelüste wandeln sich nach erfolgter Auflösung im Idealfall um in Verzeihlichkeit und ebenso zu Akzeptanz und Achtung der beiderseitigen Grenzen.

Erlöste Beziehungen sind frei von überzogenen Emotionen

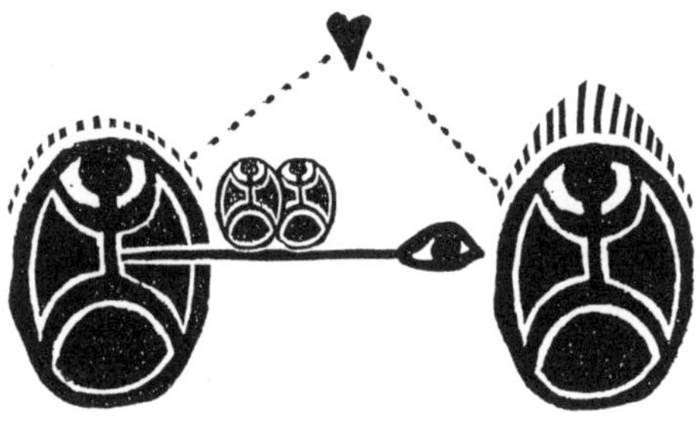

Das Erwachen spiritueller Liebe durch Verweigerung astraler Machtspielchen

Es ist also von großer Bedeutung, wie ein Mensch über vergangene Beziehungen spricht, wobei das Was dieser Verbindungen im Jetzt unerheblich ist. Es ist ein Trugschluß, zu glauben, daß wenn der Partner über die Exfrau oft und schrecklich schimpft, diese dann keine Gefahr für die jetzige Beziehung ist. Freilich mag es bedeuten, daß ihn freiwillig keine 10 Pferde mehr zu ihr zurückbrächten. Aber es heißt auch, daß er sich noch nicht ganz von ihr losgelöst hat, weil ihn starke Emotionen wie Haß und Ärger binden.

Wohlgemerkt: seine Emotionen! Es liegt an ihm, die Sache für sich aufzuarbeiten und loszulassen. Diese Freiheit hat er auch dann, wenn die Expartnerin ihn ihrerseits noch nicht losgelassen haben sollte. Eine astrale Nabelschnur funktioniert nicht ohne Resonanz.

Das Gespenst der Erinnerung

Wenn nur einer von beiden sich konsequent losgelöst und die Trennung angenommen hat, die andere Person jedoch nicht, dann kann es dazu kommen, daß sich die beiden im Alltag nicht mehr unbefangen verhalten können, wenn sie einander treffen. Es ist, als ob die Energieform der Nabelschnur noch im Raum steht und man wird von den beiden wohl hören, daß es besser sei, wenn sie sich nicht sehen, denn gerade dadurch kann sie wieder aktiviert werden. Wie wir später noch sehen werden, ist eine längere zeitliche Distanz notwendig, um eine astrale Nabelschnur nachhaltig - von nur einer Seite aus - aufzulösen.

Wird eine vergangene Beziehung nicht aufgearbeitet, dann kann ein Expartner, auch ohne es zu wollen oder sich dessen bewußt zu sein, zum Gespenst der Erinnerung werden, das durch die neue Beziehung spukt. Dieses Gespenst der unaufgearbeiteten Beziehung, oder besser die Energieform der alten Nabelschnur, ist mitunter deutlich zu spüren. Es ist ganz menschlich, daß viele dann in den Tenor des Partners einfallen und mit ihm oder ihr heftigst über *die Alte* oder *den Alten* schimpfen, weil sie glauben, daß dadurch eine Abgrenzung erfolgt. Das Gegenteil ist der Fall! Gefühle werden hochgeschaukelt und die Energieform so mit emotionaler Energie-Nahrung versorgt.

Da die Verbindung im Astralen noch existiert, ist diese Beziehung zusammen mit der neuen, zumindest auf der Astralebene, ein emotionales Dreieck. Meist versucht der neue Partner/die neue Partnerin, den positiven Part der Projektionen zu übernehmen (das Gute und Schöne), während via Nabelschnur die negativen Projektionen zum früheren Partner oder der Partnerin abgeleitet werden.

Haß und Idealisierung sind die zwei Seiten *einer* Münze

Sie repräsentieren als *Feindbild* gleichzeitig die Richtschnur für die neuen Beziehungspartner („Mit dir wird nun alles anders und viel besser"). Dies ist der Mechanismus, der die Wiederholung des astralen Rapports in der neuen Partnerschaft und damit das Überleben der astralen Nabelschnur gewährleistet. Interessanterweise hängen Haß und Idealisierung eng zusammen. Sie sind ambivalente Gegensätze desselben Themenkreises. Besteht ein Rapport voller Haß auf Vergangenes, dann wird aus diesem Energieband die positive Energie (das, was einst gut gewesen sein muß, sonst hätte es keine Liebesbeziehung gegeben) herausgezogen und auf den neuen Menschen projiziert. Die Projektion des Negativen verbleibt beim früheren Partner. Die astrale Nabelschnur spaltet sich also auf in zwei Seiten: *Die Gute* und *Die Böse*, geprägt durch frühere Bänder mit Mutter, Vater, Geliebten.

Die Gute (neue Partnerin) wird idealisiert, sie darf nur gut sein und nur entsprechend der positiven Wünsche des Nabelpartners. Normalerweise landet die Projektion alles Guten immer beim neuen Partner, denn es soll ja in Zukunft alles besser werden. Die Böse (die alte Partnerin) wird zum verhaßten Feind, sie hütet alles Negative für eine Weile, doch wehe wenn der Zeitpunkt kommt, an dem Die Gute ihre Rolle nicht mehr mitspielt und als Idealbesetzung ausfällt. Dann hat Die Böse Gelegenheit zur Wiederkehr!

Die eigene Projektion von gut und böse

Nicht, daß dann die Expartnerin wieder ins Leben tritt, nein, die auf sie projizierten Inhalte kehren (wie ausgesandte dienstbare Geister) zurück, jene problematischen Energieteile der astralen Nabelschnur, die lange schon verschwunden zu sein schienen.

Dies funktioniert analog auch dann, wenn das Gespenst der positiv idealisierte Expartner/die Expartnerin ist. Dann verbleibt die Projektion des Positiven dort, und kein neuer Beziehungspartner kann an das verlorene Ideal heranreichen, was Menschen dann zu der wehmütigen Überzeugung bringt, daß keine so wie sie bzw. keiner so wie er ist.

Schade, denn damit verschließt sich der Mensch vor dem Erleben von etwas neuem und läßt vor allem seine selbsterschaffenen Projektionen unaufgearbeitet. Sie werden dem Beziehungserleben auch weiterhin im Wege stehen, und damit schließt sich der Teufelskreis, denn dann scheint es wirklich keine andere Beziehung als diese spezielle geben zu können.

Wir reproduzieren uns ständig auf der Energieebene

Ich bin der für manche vielleicht schwer verdaulichen Überzeugung, daß unser holistisches Bewußtsein beständig, auf welchen Realitätsebenen auch immer, energetische Formen kreiert und sich dabei andauernd reproduziert. Dies ist mein Verständnis von Unsterblichkeit, denn dieser Prozeß endet nicht mit dem Tode. Der Raum, den wir allgemein als physische Realität bezeichnen, ist nur einer von unendlich vielen, denen unser Höheres Selbst angehört. Die Lebens- und Evolutionsprozesse auf diesem Planeten sind nur ein Teilchen im Gesamtorganismus des Kosmos. Doch unser menschliches Bewußtsein spiegelt das kosmische Hologramm präzise wider. Dabei haben wir die Möglichkeit, z.B. im Astralraum (auch innerseelisch) wichtige Energieanteile unseres Selbst wie auf einer Warteschleife zu deponieren. Diese „Insassen" der Warteschleife sind mehr oder weniger starke Energieformen, die ein mehr oder weniger wesenhaftes Eigenleben führen können. Stark emotional aufgeladene Energieformen sind daher tatsächlich als lebendige Wesen zu betrachten, mit denen eine Wechselwirkung im Sinne von Kommunikation entsteht und die sich im Extremfall auch verselbständigen können.

Wer Macht über andere sucht, unterliegt seinen eigenen Zwängen

Auf diese Weise kann eine astrale Nabelschnur einen Menschen auch massiv und gegen seinen Willen beeinflussen, obwohl er selbst ihr Miturheber ist. Da Macht *über* andere der Inhalt dieser Energieform ist, wird sie dann auch versuchen, Macht über den Urheber, der sie geboren hat, auszuüben. Auf diese Weise unterliegt dann ein Mensch seinen eigenen Zwängen.

Eifersucht

Auch Eifersucht und Mißtrauen sind Probleme der astralen Nabelschnur. Ein 100%iger Machttypus wird sich selten mit dem kleinen Finger oder der Hand, die ihm gereicht werden, zufriedengeben. Er greift machtvoll (auch auf psychisch-energetischem Wege) nach der ganzen Person, im Bestreben, sie mit Haut und Haar zu verspeisen. Leider muß ich sagen, daß ein Mensch in diesem Stadium zu reiner, zwischenmenschlicher Liebe kaum fähig ist. Sein Verständnis von Liebe wird immer die Komponente des persönlichen Festhaltens und Besitzens tragen. Besitzergreifung und Sucht ist nicht Liebe, wird aber oft damit verwechselt.

Diesen Menschen geht es jedoch in erster Linie um sich selbst und nicht um ein echtes Gegenüber. So tragisch die Ursachen für dieses Verhaltensmuster sein mögen, so sehr möchte ich doch abraten von therapeutischen Beziehungsexperimenten mit solch extremen Personen. Ich habe vor allem Frauen getroffen, die glaubten, einen solchen Menschen durch eine liebevolle (und sehr oft aufopfernde) Beziehung ändern zu können. Das Schlimme ist, daß ein solcher Mensch es gar nicht spüren kann, wenn du ihn wirklich liebst, da er ja, wie ich vorhin beschrieben habe, vom Herzchakra und

Eine Beziehung ist keine Therapie

den Herzgefühlen abgeschnitten ist und Macht und Sucht mit Liebe verwechselt. Wer sich zu so jemand hingezogen fühlt, hat aber im Grunde dasselbe Muster in sich! Gleiches zieht sich an, und so wird das Ganze noch verstärkt.

Eine Beziehung kann keine Therapie oder Selbsterkenntnis des Betroffenen ersetzen, aber sie kann positiv auf diese Arbeit einwirken. Dazu ist es allerdings ganz wichtig, daß du deine Grenzen gegenüber der eifersüchtigen und besitzergreifenden Person ganz klar ziehst, ohne sie jedoch menschlich fallenzulassen oder dich im Streit abzuwenden. Wenn es dir gelingt, dich nicht in ihre Extreme hineinziehen zu lassen, dann habt ihr beide viel gewonnen. Die in diesem Buch beschriebenen Methoden zur energetischen Ablösung können hierbei gute Dienste leisten.

Mit der Zeit wird die eifersüchtige Person dann vielleicht lernen, Beziehungen vom Herzen her zu organisieren und auch zu empfinden. Der erste Schritt aus der der Eifersucht zugrunde liegenden Unsicherheit führt über wahre Selbstannahme und Liebe zu sich selbst. Dann haben Macht und suchthaftes Anklammern als Beziehungsmuster ausgedient.

Beachte aber bitte, daß dieser Prozeß Jahre oder vielleicht ein ganzes Leben lang dauern kann. Wer weiß, wieviele Jahrhunderte die Seele dieses Muster bereits reproduziert? Die Veränderung ist also nicht im Handumdrehen abgeschlossen, und wenn du einen Menschen im Wandel begleitest, wirst auch du wachsen und dich weiterentwickeln, denn jede Veränderung der Partnerin oder des Partners schafft eine neue Ebene in der Beziehung, die erst gefestigt werden muß. Hier ist also Geduld vonnöten, Geduld für euer beider Lernprozeß.

Alle Freunde energetisch vernetzen

Unter den machtvollen und besitzergreifenden Menschen gibt es solche, die all ihre Freundschaften und Beziehungen über Nabelschnüre *absichern*. Dahinter stecken uneingestandene Verlustangst und ein Kontroll- bzw. Machtanspruch über andere. Meist haben sie in der Vergangenheit viele emotionale Verluste erlitten, die sie bereits in früher Kindheit zu dem Schluß brachten, daß das Leben für sie nicht viel Freundliches übrig hätte. Und so stemmen sie sich nun gegen den den natürlichen Fluß von Werden und Vergehen (nicht nur in der Liebe), indem sie alles in ihrem Leben krampfhaft festhalten und sich einverleiben. Menschen oder andere lebendige Wesen ersticken möglicherweise unter diesem Anspruch, und so wiederholt sich die Erfahrung der schmerzlichen Trennung wieder und wieder, wenn sich die Partner absetzen, bevor sie einverleibt sind oder aber wenn die Beziehungen an der erstickenden Umklammerung zerbrechen. Das Muster kann so tief sitzen, daß keine Freude ohne Leid erfahren werden kann, keine Freundschaft ohne Angst vor Verlust, kein Sonnentag ohne den Gedanken, daß es morgen wahrscheinlich wieder regnet.

Traumwandlerisch knüpfen diese Menschen Energiekontakte wie die astrale Nabelschnur, weil ihnen diese eine, wenn auch trügerische Macht über den leidvollen Verlust eines Menschen zu geben scheint. Hier liegt also das Schwergewicht nicht auf der offensichtlichen Unterdrückung der anderen, sondern dem unbewußt erhofften Schutz vor Verlust, indem man sich die bevorzugten Menschen einverleibt. Auch hier ist das Herzgefühl abgekoppelt, es fehlt oft der Glaube an Liebe und an die eigene Liebens-*Würdigkeit*.

Energiebänder aus Verlustangst

Im Grunde ist dies ein Aufbegehren gegen den Rhythmus des Lebens, der Geburt und Tod alles Geschaffenen einschließt. Diesen Menschen kann es besonders helfen, wenn sie spirituelle Einsichten erlangen und sich mit dem Göttlichen aussöhnen können. Meist schlummert große Wut gegen Gott und die Welt in diesen Seelen, denn insgeheim geben sie Gott oder irgendwem sonst die Schuld für ihre erlittenen Verluste.

Das Wutpotential dieser Menschen kann ebenfalls in Rapport gehen, falls es zu Zusammenstößen und Streit mit astral verbundenen Personen kommt. Hierbei wird oft großer Schaden angerichtet, vor allem was die Beziehung angeht, und es werden meist neue karmische Verwicklungen erzeugt. Leidvoll ist für solch einen Menschen auch die Tatsache, daß sich mit der Zeit die anderen oft instinktiv abwenden und Distanz suchen. Die meisten Menschen spüren unbewußt die unangenehme Besitzergreifung und energetische Umklammerung der Person und flüchten vor ihrer Nähe. Auch jene Menschen, deren Psyche das Muster des *Gut-sein-müssens* beinhaltet, neigen zu einem mächtigen Nabelkontakt. Jene Macht, die ihr selbstverursachter Leistungsdruck und Perfektionsanspruch über sie selbst ausübt, geben sie kompensierend an andere weiter, indem sie diese genauso unter Druck setzen. Dies schafft ein Ventil für den hohen Anspruch, der dadurch jedoch nicht aufgelöst wird.

Unsichere, die immer gut sein wollen

Dahinter verbirgt sich oft Abneigung gegen Konfrontation mit anderen und Angst vor Konflikten, die als trennend erlebt werden. Diese Menschen glauben, wenn sie gut sind, was oft gleichbedeutend mit der Erfüllung fremder Erwartungen ist, dann fallen alle Streitpunkte im Leben weg, und man kann in grenzenloser Harmonie und Liebe miteinander sein (das romantische Bild des Seelenzwillings).

Nichts fürchten sie mehr, als offen zu sich zu stehen, wenn die anderen eine abweichende Meinung haben. Das geht eine Weile gut, bis sie einsehen müssen, daß sie sich von sich selbst und ihren Bedürfnissen entfernen, wenn sie sich immer nur an die Wünsche der anderen anpassen. Mangelndes Selbstwertgefühl und Unsicherheit verleiten sie dazu, sich mit Menschen zu verbinden, die sie heimlich bewundern und idealisieren.

Auch hier wächst ein Wunsch nach Macht, Macht über die Wünsche der anderen, denn wenn die Erwartungen der anderen den eigenen Vorstellungen entsprechen, dann herrscht schönste Harmonie. Hier verdeckt die astrale Nabelschnur ein Davonlaufen vor der echten Auseinandersetzung innerhalb einer zwischenmenschlichen Beziehung. Dieser Mensch hat gelernt, den PSI-Kontakt gezielt als Manipulationsinstrument einzusetzen.

Macht durch Manipulation

Im Extremfall wird das Anderssein des Partners aus dem Beziehungsalltag ausgeklammert und die Person dahingehend manipuliert, ihre eigenen Bedürfnisse nicht zu zeigen. So können sie kein Störfaktor für die Illusion der Harmonie mehr sein (wozu aber dann auch der Partner unbewußt sein inneres O.K. gibt). Kaum jemand würde diese so ruhig und harmonisch erscheinende Verbindung als einen Hort massiver Machtausübung erahnen. Diese Menschen haben meist sehr gut gelernt, mit verdeckten Karten zu spielen, was je nach Charakter und Niveau von Verstellung bis hin zu grober Verlogenheit gehen kann oder es herrscht bereits völlige Resignation darüber, in der beiderseitigen Beziehung das zu bekommen, was man sich wünscht.

Menschen, die sich ungeliebt fühlen, klammern sich an

Auch Menschen, die sich ungeliebt fühlen oder die glauben, stets etwas Besonderes leisten zu müssen, um geliebt zu werden, sind anfällig für die astrale Symbiose. Sie neigen dazu, immer ein bißchen zuviel des Guten zu tun und legen großen Wert darauf, von anderen gebraucht zu werden, ja, sie blühen regelrecht auf, wenn sie „Armen und Schwachen" begegnen. Hier finden wir das Retter- und Helfersyndrom oder auch Helden wie Superman/Supergirl. Sie alle wären arbeitslos, wenn es nicht jene gäbe, die ihrer bedürften.

Der anmaßende „Heiler"

So war es auch bei Marcello, der mit seinen angeblich heilenden PSI-Kräften wahllos und ungebeten die Passanten auf der Straße „segnete". Du magst vielleicht glauben, daß er damit ja nur Gutes tut. Aber woher wollte er denn wissen, ob jene hübsche Frau an der Ampel gerade jetzt seinen Powerschub (der nichts anderes als eine Projektion seiner eigenen Wünsche war, denn er selbst hätte gerne jene segensreiche Beachtung von anderen gehabt!) gebrauchen kann?

Seriöse Heiler/innen befragen vor der Kraftübertragung neben den Patienten, meist eine ganze Reihe von Instanzen, spirituelle Führer, das Höhere Selbst, göttliche Kräfte etc. um herauszufinden, ob das Übertragen von kosmischer Energie gerechtfertigt ist und der göttlichen Ordnung entspricht. Nur wer diese Ordnung ganz genau kennt, darf sofort loslegen. Aber müßte das nicht der liebe Gott selber sein?

Elterliche Strukturen

In einer gewöhnlichen Beziehung oder Freundschaft wird es selten vorkommen, daß sich einer der beiden Pole gleich zum lieben Gott aufschwingt; es können aber *elterliche Strukturen* auftreten, wobei der dominante Pol immer genau weiß, was für die andere Person gut ist, im Stile von „zieh dir eine Jacke an, dir ist kalt". Hier offenbart sich die rapportverdächtige Sprache, die oft beeinflussend ist und so klingt, als säße die eine Person in der anderen. Dies hängt mit der Übertragungsfunktion der astralen Nabelschnur zusammen, und wir wissen bereits, daß es sich hierbei tatsächlich um eine Vermischung von Ich und Du handelt, denn über das Energieband werden innerste Angelegenheiten und Empfindungen von Seele zu Seele übertragen.

Die genannten Beispiele bezeichnen keine feststehenden Menschentypen, sondern menschliche Verhaltensweisen, die bei den einen mehr, bei den anderen weniger stark ausgeprägt sind. Der gemeinsame Nenner ist jedoch das suchthafte Festhalten an der anderen Person.

Die Macht des karmischen Rapports

Die karmische Nabelschnur ist am schwersten zu lösen

Ein starker Faktor beim Entstehen einer astralen Nabelschnur ist die karmische Verbindung. Ihr kann man sich am schwersten entziehen, denn es handelt sich dabei nicht um Übertragungen von aktuellen Gedanken und Gefühlen, sondern um das Aufblitzen karmischer Informationen. Marcello sagte damals zu mir: „Ich habe die Eingebung erhalten, daß du mich noch einmal sehr brauchen wirst." Allerdings konnte er keine Inhalte oder Bilder dazu nennen. Ich bekam daraufhin Angst, denn fatalerweise hatte ich tatsächlich das unbestimmte Gefühl, daß etwas Wahres daran sein könnte.

In meiner Phantasie malte ich mir zahlreiche Krisen aus, in denen ich seiner Hilfe bedürfte. Dies verstärkte die lästige Nabelschnur natürlich nur noch mehr. Tatsächlich stellte sich später heraus, daß diese Abhängigkeit von ihm einst in einem früheren Leben bestanden hatte. Damals brauchte ich ihn sehr, aber nicht mehr heute und in der Zukunft.

Im Prinzip hatte er recht, was die Tatsache des Gebrauchtwerdens anging. Das spürte auch ich. Weil er jedoch seine medialen Fähigkeiten nicht richtig im Griff hat, hatte er sich in der Zeit geirrt.

Informationen aus einer anderen Zeitebene dürfen nicht ohne genaue Prüfung in unsere Dimension übertragen und lieblos weitergegeben werden. Das führt nur zur Verwirrung und ist für die Betroffenen weder hilfreich noch angenehm.

Für mich wurde diese bedrohliche Suggestion jedoch der Anlaß, nach meinen karmischen Wurzeln mit diesem Menschen zu suchen. Ich spürte instinktiv, daß es mir nicht gelingen würde, ihn durch das Abbrechen aller Brücken im Jetztleben abzuschütteln: Das wiederaktivierte karmische Band hätte dann auch weiterhin bestanden; ich hätte es nur verdrängt, aber nicht gelöst.

Karma sind die unerlösten Gedanken und Gefühle

Der Begriff Karma bedeutet *Ursache*. Karma sind die Gespenster unerlöster Gedanken und Gefühle. Ob sich diese nun immer wirklich auf eine vergangene Inkarnation beziehen oder eine symbolhafte Metapher des eigenen Unbewußten sind, ist gleichgültig. In jedem Fall werden dabei unbewußte Inhalte aktualisiert und können eine beträchtliche Dimension im Jetzt ausfüllen. Deshalb ist eine karmische Verbindung äußerst machtvoll; sie benötigt keine Anlaufzeit, sondern ist sofort in voller Bandbreite wieder wirksam.

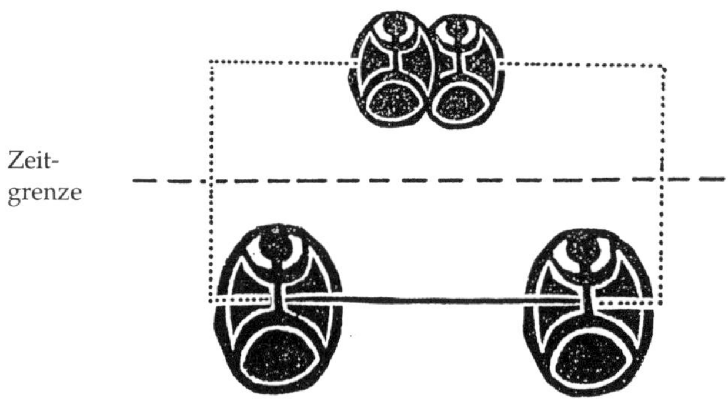

Der karmische Rapport hat auf einer anderen Zeitebene bereits bestanden und bildet sofort ein neues Energieband im Jetzt

Beim karmischen Rapport existiert das Band bereits als *schlafende* Verbindung von Seele zu Seele und wird durch die physische Begegnung in dieser Inkarnation neu belebt. In diesem Fall kann eine Reinkarnationstherapie bei einem erfahrenen Therapeuten oder eine eigene gewissenhafte Karmaaufarbeitung nötig werden, wenn der emotionale Druck sehr stark ist. Es ist wichtig, sich dann diese Inhalte anzusehen und loszulassen. Dadurch kann eine völlige Ablösung und Befreiung der karmischen Nabelschnur erfolgen. Ich hatte mit Marcello ein sehr starkes Band der Macht, das über mehrere Leben hinweg immer wieder aufgefrischt und um neue, auch gewalttätige Facetten bereichert wurde. So war ich gezwungen, mich im Zuge unserer Begegnung mehrmals mit meinem Karma zu konfrontieren. Ich arbeite seit vielen Jahren mit schamanischen Trancereisen in das Labyrinth meines Unbewußten und habe auf diesem Wege die karmischen Inhalte abgerufen und dann aufgearbeitet.

Das Karma entdecken

Durch tiefe Entspannung und den Mut, sich den unterbewußten Impulsen zu stellen, ist es möglich, sich an karmische Gefühle (die im Grunde nichts anderes als eine „sehr alte" Energieform in der Aura sind) heranzutasten. Wenn die Karmaenergie bereits an der Schwelle zum Bewußtwerden steht, ist es nicht schwierig, sie in einem ruhigen Moment ans Licht zu holen. Aber du darfst dir das nicht so vorstellen, als ob du dabei nur einfach ein psychisches „Videoband" abspielen würdest. Die Emotionen sind echt, und Menschen die Angst vor dem Blick in ihr Unbewußtes haben *rate ich von Experimenten im Alleingang unbedingt ab*. Beachte bitte hier deine warnenden Instinkte!

Schutz nicht vergessen!

Ich empfehle, vor *jeder* Trance, Meditation, Phantasiereise oder sonstigen Arbeit mit dem Unbewußten einen Auraschutz (siehe Kapitel Energiearbeit und Schutz) zu visualisieren. Aufgrund meines feinstofflichen Verständnisses wünschte ich, daß dies auch alle Therapeut/innen, die derlei Techniken in ihrem Programm anbieten, beherzigen. Ich habe es mehrfach erlebt, daß Menschen nach therapeutischen Sitzungen mit Reisen ins Unbewußte neben sich standen, ungeerdet waren oder gar einen astralen „Mitesser", der die offene Aurasituation ausgenutzt hatte, um sich festzusaugen, mitschleiften.

Es ist an der Zeit, daß auch Psychologen, von denen etliche noch wenig Verständnis für spirituelle Zusammenhänge aufbringen, einsehen, daß die Patienten mitunter durch ihre Praktiken *weit über das persönliche Unbewußte hinaus* in Bereiche gelangen, wo autonome Wesen, die nicht zu der Person gehören, existieren. Und nicht alle diese Wesenheiten sind gutwillige Heiler oder helfende Archetypen. Es ist eine Sache der Verantwortung, hier auf Auraschutz und -reinigung, sowie auf gute Erdung hinzuweisen.

Führung durch das Höhere Selbst

Wenn du deinen Schutz visualisiert hast, bitte dein Höheres Selbst um Führung. Es wird dafür sorgen, daß dir nur das zu Bewußtsein kommt, was du verkraften kannst und was du wissen mußt, um die Ursprünge deiner Gefühle zu verstehen. Entspanne dich, bequem sitzend oder liegend (mit gerader Wirbelsäule!), atme ruhig und langsam, aber tief und spüre dem Gefühl in deinem Körper nach. Lade es quasi ein, sich zu zeigen. In dem Moment, wenn die karmische Erinnerung sich aus dem Unbewußten löst, können Bilder, ganze Szenen oder sonstige innere Wahrnehmungen wie z.B. Gerüche, körperliche Empfindungen oder Geräusche auftauchen. Manchmal zeigt sich auch nur eine tiefe innere Gewißheit um die karmischen Umstände.

Wenn unangenehme Erinnerungen unter der Oberfläche des Bewußtseins ans Licht drängen, wirst du im Alltag instinktiv versuchen, sie immer wieder zurückzustoßen ins Meer des Unbewußten. Die Abwehr der inneren Bilder zehrt viel Kraft, die dir anderswo abgeht. Daraus kann ein großer innerer Druck entstehen. Deshalb lohnt es sich, die Zeit und Arbeit aufzubringen, die notwendig sind, um die Gefühle hochzuholen und aufzulösen.

Hierzu gehört das innere Durchleben dieser Gefühle und Erinnerungen. Dieser Prozeß ist nicht leicht und beileibe auch nicht immer angenehm. Du holst seltener Liebesszenen ans Licht, als Angst, Schmerz, Trauer usw., und die Arbeit mit dem Unbewußten ist nur dann angezeigt, wenn sie wirklich notwendig ist. Abenteuerlustige Karmainteressierte sollten sich lieber Historienfilme im Kino ansehen und sich ganz einfach vorstellen, sie wären Cleopatra oder Heinrich VIII. gewesen. Es gibt nämlich keinen oberflächlichen Blick in die Tiefe und so kann es sein, daß jemand *weder die Kraft noch die Fähigkeiten besitzt, das neue Bewußtsein wirklich zu verarbeiten.*

Das Führen eines Notizbuchs macht die Arbeit effektiver

Für mich hat sich bei dieser Arbeit bewährt, alle Zusammenhänge und Erkenntnisse gewissenhaft zu notieren. Dazu gehört auch das Aufschreiben von Träumen, die in der aktiven Phase eines solchen Prozesses auftauchen. Daraus ergibt sich mit der Zeit ein tiefer Einblick in das eigene Seelenmuster, und du findest vielleicht Erklärungen für Verhaltensweisen, deren Ursprung dir immer ein Rätsel war.

Mache dir nach dem Durchleben karmischer Gefühle und Bilder bewußt, daß dies alles nicht mehr zum Jetzt gehört. Stelle sicher, daß du wieder ganz wach und dein Bewußtsein fest im Körper verankert ist. Erde dich, indem du vielleicht etwas ißt (langsam und bewußt) und, was ganz wichtig ist, tu dir danach etwas Gutes.

Nach der Karmasitzung: Tu dir Gutes!

Die karmischen Zeitreisen laugen ungeheuer aus. Gönne dir einige Stunden Ruhe! Setze dich unter einen Baum in der Natur draußen. Höre schöne, sanfte Musik. Nimm ein Bad mit beruhigenden Ölen und genieße es, daß du im Hier und Jetzt völlig sicher bist.

Der Anachronismus ist spürbar

Interessant ist, daß ich mir in der ganzen Zeit mit Marcello, aus meinem tiefsten Inneren heraus, völlig sicher war, daß die merkwürdigen Gefühle, die mich überkamen, zu einer anderen Zeit gehören. Ich hatte deutlich verspürt, daß dieser Rapport nicht zeitgemäß ist und dies gab mir die Sicherheit, daß die radikale Auflösung der Verbindung der einzig richtige Weg war. Ich wollte auch auf gar keinen Fall eine äußere Wiederholung des Geschehenen provozieren.

Mit Marcellos Mithilfe konnte ich nicht rechnen, da ihm jegliche Einsicht in sein Selbst und in die Grenzenlosigkeit seines Verhaltens fehlte. Sein Ego wollte weiterhin mit Hilfe der PSI-Kräfte Macht über andere (also auch über mich) ausüben und war nicht zu einem verantwortlichen Umgang mit diesen Energien zu bewegen. Daran hatte sich offenbar seit Jahrhunderten nichts geändert. Als ich den Ursprung des Bandes gefunden und die zugehörigen Emotionen durchlebt hatte, trennte ich die Verbindung auf ähnliche Weise, wie ich es im Kapitel über die Auflösung von unerwünschten Energieverbindungen noch genau beschreibe.

Mein Karma mit Marcello

Der Rapport war deshalb so machtvoll, weil die Beziehung, in der er zum erstenmal geknüpft wurde, eine abgöttisch-intensive Liebesbeziehung war, wobei der Mann allerdings zu früh verstarb. Die Witwe, die ich damals war, konnte nicht trauern und loslassen. Ich sah dazu in der Trance eine Szene von jammernden Klagefrauen, denen ich versteinert gegenüberstand. Dieses Bild hatte eine starke emotionale Ladung. Unmittelbar nach der Trance, die mir den Einblick in mein Unbewußtes gewährte, holte ich die Emotionen nochmals heran und *setzte das fehlende Stück in meine Vita ein.* Was fehlte, war die gelebte Trauer. Es dauerte eine Weile, bis ich sie zulassen konnte, aber dann wurde ich selbst zur Klagefrau, für einen Toten, den es nicht gab (in diesem Leben) und für eine verlorene Liebe, die ebenfalls nicht bestand.

Mein Verstand beäugte mich zweifelnd von der Seite, aber tief innen war ich mir sicher, daß das Ganz-Durchleben dieser Emotionen erst die Loslösung ermöglicht. Indem ich die Trauer nachholte und Marcello dann auch ganz bewußt im Jetztleben losließ, veränderte ich diesen Teil meiner Seelenstruktur. So wurde es möglich, diese karmische Verbindung ganz aufzulösen. Danach hatte er keinen astralen Zugriff mehr zu meiner Seele und der lästige psychisch-energetische Dauerrapport war beendet.

Karmische Verbindungen sind erkennbar

Auffallend ist, daß viele Menschen eine machtvolle karmische Verbindung identifizieren können. Das mag daher kommen, daß heute der Gedanke der Wiederkehr der Seele vielen nicht mehr fremd ist. Vielleicht liegt es aber auch daran, daß ein Karmaband intensiver und vielgestaltiger ist, als eine nichtkarmische astrale Nabelschnur. Möglicherweise kennen sich zwei Seelen über viele Inkarnationen hinweg und haben ihr Thema in zahlreichen Varianten durchgespielt, so daß der *Wiedererkennungswert* in verschiedensten Alltagssituationen gegeben ist. Das mag dann auch zu jener eigentümlichen Vertrautheit beitragen, wo uns ein wildfremder Mensch wie ein alter Bekannter erscheint.

Gefährliches Karma

Doch eine Symbiose in Leidenschaft und Verliebtheit muß in weiteren Inkarnationen nicht zwangsläufig wieder ein wunderbares Liebespaar erzeugen. Die Bindung kann in andere verwandtschaftliche Verhältnisse übergehen. Es kann eine Mutter-Kind-Situation aus der astralen Nabelschnur erwachsen oder die übergroße Innigkeit in Ablehnung und

Distanz umkippen. Mitunter spitzt sich das Macht/Ohnmacht-Thema bis zur letzten Konsequenz zu, wo einer den anderen tötet. Ein sehr alter karmischer Rapport kann also mannigfache Facetten des Machtthemas tragen; die Seelen haben in vielerlei Art miteinander gerungen. Dies läßt karmische Begegnungen oft sehr vielschichtig erscheinen. Manche der aufsteigenden Erinnerungen und Gefühle können absolut bedrohlich sein, andere künden von Liebe und Leidenschaft. Dies mag vielleicht eine faszinierende Mischung aus Anziehung und Abstoßung bewirken, wodurch es um so schwerer wird, sich aus einer solchen Verbindung willentlich zu lösen.

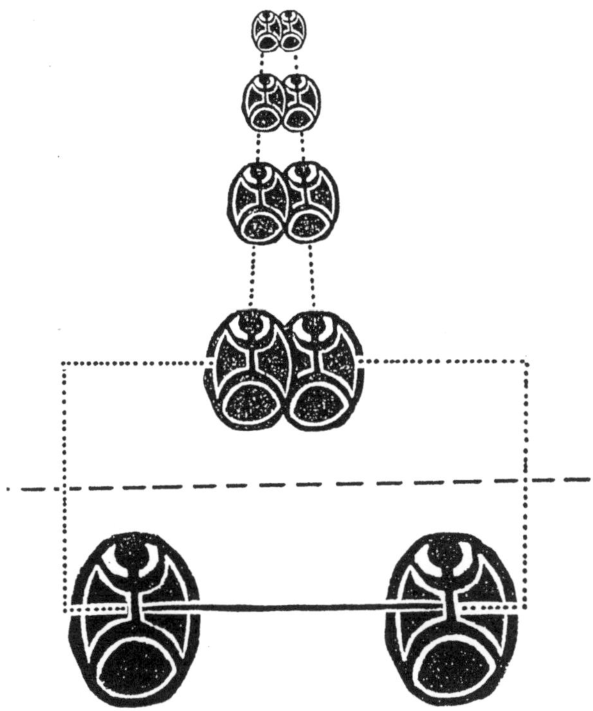

Der mehrfache karmische Rapport kommt aus der Tiefe der Vergangenheit und hat über viele Inkarnationen hinweg keine Auflösung gefunden.

Der karmische Zwang ist immer etwas Unerlöstes

Oft wird der karmische Rapport als Zwang erlebt, mitunter gar als göttliches Schicksal, so als wolle eine äußere Macht die Dinge bestimmen. Dieses „Schicksal" ist jedoch nicht gottgegeben, sondern selbstverursacht. Gott ist es gleichgültig, wen du liebst. Er würde dich niemals zu etwas zwingen. Der Zwang geht hier von der astralen Nabelschnur aus und vom alten Inhalt dieser Energieform, die aus den Tiefen der Seele auftaucht und, wie bereits erwähnt, durchaus ein Eigenleben hat und sich im Jetzt reproduzieren will.

Hier gilt es, sich bewußtzumachen, daß diese Gefühle und Wünsche zu einem anderen Leben und einer anderen Zeit gehören. Vergleiche sie mit deiner jetzigen Realität, mit dem, was du jetzt wirklich willst und brauchst. Finde heraus, was für dich das Beste ist. Ein starker Wille ist das beste Gegenmittel im Kampf gegen die alten Gespenster.

Karmische Inhalte sind immer etwas Überlebtes, das eigentlich gar nicht mehr hierher gehört, es sei denn, du hast etwas Wichtiges vergessen. Das kann dich dann zwanghaft plagen, wie beispielsweise das Loslassen eines Verstorbenen oder alte Schuldgefühle, Zorn, Rachegefühle, unerfüllte Liebe usw. Triffst du nun auf diese Seele im Jetzt, dann entsteht der Impuls, das Versäumte nachzuholen. Du willst jetzt die versagte Liebe leben, jetzt deinem Gegner schaden, oder diesem Menschen etwas Gutes tun, für vergangene Schuld. Hier gilt es zu prüfen, was du im Jetzt zulassen willst und was nicht. Denn das Jetzt ist es, was nun zählt! Dein Karma sollte keine Macht über dich und deinen gesunden Menschenverstand erlangen, und es sollte auch nicht als Ausrede dienen. Du trägst immer selbst die Verantwortung für deine Handlungen.

Karma ist kein Garant für eine gute Beziehung

Manche Paare behandeln die bloße Tatsache ihrer karmischen Verbindung bereits als Garant für eine gute Beziehung, und manchmal wird das Wort Karma auch zum Anbändeln verwendet („Wir haben doch Karma miteinander" oder auch „Er/sie ist mein Karma"). Dann ist der Blick auf das Vergangene gerichtet, anstatt auf das Jetzt. Eine genaue Wiederholung des Karmas ist jedoch nicht möglich, da die Seelen in der Zeit weitergewandert und weitergewachsen sind, so wie auch die Erde und das Universum sich zwischenzeitlich verändert haben. Das gesamte Muster ist ein anderes. Die Begegnung läuft also niemals unter denselben Voraussetzungen ab wie einst, auch wenn Teilbereiche, wie bestimmte starke Emotionen (die nicht aufgelöst wurden) erneut auftauchen. Die Rückkopplung passiert nur, wenn die Seele genau an diesem Punkt nicht gemäß ihrer übrigen Entwicklung mitgewachsen ist. In einem solchen Fall wird das unaufgelöste Karma auch immer ein Stolperstein für eine echte tiefe Beziehung im Jetzt sein, weil die Erwartungen oder Befürchtungen der Vergangenheit dich vom Erleben des aktuellen Menschen so, wie er jetzt ist, abhält.

Es ist wichtig, das Karma zu erlösen

Erinnere dich an meine Geschichte: Ich hatte mich einst dem Tod meines Gatten nicht gestellt, d.h., an dieser Stelle meiner Seele bin ich nicht über den Status der trauernden Witwe, die an ihrem verstorbenen Mann hängt, hinausgewachsen. Hätte ich den Verlust angenommen und verarbeitet, wäre meine Seele in eine neue Dimension eingetreten. So aber nahm ich diese starken Gefühle mit ins Grab und trug dieses Band immer weiter, auf der Suche nach ... ja, nach was eigentlich? Nach ihm? Scheinbar. Aber nicht er selbst konnte mich heilen, sondern erst die Tatsache, daß ich die versäumte Trauer nachholte, ließ das zwanghafte karmische Band abreißen.

Dadurch, daß ich jener Witwe in mir meinen jetzigen Körper für ihre Tränen lieh, konnte auch dieser Teil meiner Seele ins Jetzt hereinwachsen. Damit wurde dieser Seelenteil aktualisiert und die steckengebliebene Entwicklung nachgeholt. Nicht der Mensch hat mir also gefehlt, sondern jene stark emotionale Erfahrung, der ich mich damals entzogen hatte. Ich erkannte nun ganz bewußt die Herkunft meiner Gefühle, die echt und intensiv, aber eben nicht zeitgemäß und daher nicht in Einklang mit meiner jetzigen Entwicklung und meinen derzeitigen Wünschen waren. Durch die karmische Einsicht konnte ich mir selbst treu bleiben. Die Klarheit meiner Ziele behütete mich davor, mich in Marcellos Egotrip hineinziehen zu lassen und die alten Ursachen neu aufzulegen. Im Grunde habe ich diesen Mann wohl nur deshalb

Karmische Seelenteile ins Jetzt holen

getroffen, um an meiner Seele heil zu werden und diesen Karmaabschnitt aufzulösen. Auch wenn die Begegnung von enormen Schwierigkeiten begleitet war, bin ich für dieses erkenntnisreiche Geschenk doch sehr dankbar. Vielleicht hast du ja auch schon einmal etwas ähnliches erlebt und dich hinterher gefragt, wofür der ganze Ärger nun eigentlich gut war? Hier gebe ich zu bedenken: Jede Beziehung ist im Grunde nur ein Spiegel unseres Inneren, unserer eigenen Seele und wie innen, so auch außen.

Die Kraft der Seele, sich zu entwickeln

In diesem Sinne ist die Macht des karmischen Rapports nichts anderes als die Kraft der eigenen Seele, sich zu entwickeln und sich über ihre alten Vorstellungen und Zwänge zu erheben. Egal ob du die Bilder als Karma oder als Metaphern deines Unbewußten betrachtest, du hast sie selbst gemäß deinem freien Willen erzeugt und kannst sie deshalb auch selbst auflösen. Aus dieser Sichtweise heraus bist du dem Karma nicht länger ausgeliefert, sondern arbeitest bewußt damit und hast die Chance, dich auch davon zu befreien.

Aus der Sicht der Astrologie

Karmischer Faktor der Mondknoten

Auch ein Blick ins eigene Geburtshoroskop kann Aufschluß über die Neigung zu symbiotischen Verbindungen geben. Allerdings sind diese signifikanten Einzelaspekte nicht ohne Bezug zum gesamten Horoskop zu bewerten, denn sie sind nur ein kleiner Teil des Ganzen. Ihr Fehlen bedeutet nicht, daß ein Mensch keine Astralbänder knüpfen würde. Das Vorhandensein dieser Aspekte erhöht jedoch die Wahrscheinlichkeit, daß die Person je nach Bewußtsein und Entwicklungsstand, Astralrapporte eingeht.

Hier sind bestimmte Mondknotenstellungen ein wichtiger Faktor. Die Mondknoten beziehen sich auf das Lebensthema, das es zu entwickeln gilt. Es gibt den absteigenden Mondknoten, der den Teil der Entwicklung zeigt, den wir bereits in dieses Leben mitbringen. Er kann ererbtes oder karmisches Wissen beinhalten. Genau gegenüber steht der aufsteigende Mondknoten, der das nun zu lernende Thema anzeigt, das anfangs im Leben wenig ausgeprägt ist. Im Laufe der Zeit lernen wir jedoch, beide Pole auszubalancieren. Für unser Thema der astralen Nabelschnur sind nur jene Mondknoten interessant, die in Häusern des Horoskops stehen, die sich mit Beziehungen befassen.

Mondknoten in Haus 1 und 7 Widder/Waage

Mondknoten in den Häusern 1 und 7, bzw Widder und Waage (auch Aszendent in einem der Zeichen) stellen die Themen Ich und Du, Subjekt und Objekt und die Unterscheidung von beiden als Aufgabe. Dadurch ist das Grundthema eines Menschen mit dem zwischenmenschlichen Bereich befaßt. Die Mondknoten erzählen auch die karmische Geschichte, die zwischen dem Widder- und dem Waagepol spielt.

Steht der aufsteigende Mondknoten im 1. Haus oder im Zeichen Widder, so wird das jetzige Leben hin zu diesem Aufstieg führen, der entsprechend der Symbolik in Richtung Eigenständigkeit, Initiative, persönliche Entfaltung geht. Diese Menschen kommen vom 7. Haus oder Waagepol her, also aus der innigen Verschmelzung mit dem Du und der völligen Ausrichtung auf andere. Ihr Entwicklungsziel ist es, sich aus dieser Abhängigkeit zu befreien. Statt sich anzuklammern, sollen sie Selbstvertrauen und Selbstliebe entwickeln. Oft treffen solche Menschen auf sehr unabhängige Leute, die sich nicht binden wollen oder die sich schnell emotional erdrückt fühlen.

Im umgekehrten Fall, wenn der Mondknoten im 7. Haus oder in Waage steht, dann ist ein verbindliches Zusammensein zu entwickeln, ein Hereinnehmen des Du ins eigene Leben, das von großer Eigenständigkeit und Freiheitsstreben geprägt ist. Eigentlich müßte man annehmen, daß dieser Typus nicht zur astralen Nabelschnur neigt, da er ja völlig auf Eigenständigkeit und Distanz gepolt ist. Doch treffen gerade jene häufig auf Partner, die ihren aufsteigenden Mondknoten spiegeln und nach Symbiose und Verschmelzung verlangen.

Haus 5 und 11 Löwe/Wassermann

Auch Stellungen im 5. und 11. Haus bzw. in Löwe und Wassermann (auch Aszendent in einem der Zeichen) haben ein Thema, das zum Beziehungsbereich gehört. Hier geht es um Selbstverwirklichung und individuelle Freiheit innerhalb der Gruppenzugehörigkeit. Liegt der aufsteigende Mondknoten im 5. Haus oder in Löwe, so kommt der Horoskopeigner karmisch aus einer Situation, wo ihm kreative Selbstverwirklichung aufgrund von Verpflichtungen anderen gegenüber versagt geblieben ist.

Hier finden wir den Menschen, der sich aufopfert für die Anerkennung durch andere und der unbedingt irgendwo dazugehören will. Diese Menschen bilden gern eine verschworene Gemeinschaft mit ihren Lieben, innerhalb der sie oft eine Macht- oder Kontrollposition beanspruchen. Hier ist die Zielrichtung mit Selbstverwirklichung und Kreativität verbunden, ebenso wie mit dem Loslassen der Verantwortung über fremde Angelegenheiten.

Findet sich der aufsteigende Mondknoten im 11. Haus oder in Wassermann, so bildet oft starker Eigenwille über alle Grenzen hinaus den Hintergrund. Diese Menschen sind äußerst selbstbezogen und registrieren ungern die Bedürfnisse und Forderungen anderer. Sie ziehen sich manchmal ganz in ihre Subjektivität zurück. Innerhalb von Beziehungen ist das Lernziel Ausgewogenheit zwischen Selbstverwirklichung und Verpflichtungen, die man anderen (auch Kindern) gegenüber übernommen hat und die den Sinn haben, Beziehungen aufrecht zu erhalten. Diese Menschen spüren oft lange nicht, daß sie astral vereinnahmt werden, da ihre Selbstbezogenheit den Blick auf die Mitwelt ganz in ihrer Nähe verstellt. Andererseits manipulieren sie selbst möglicherweise andere, um sie sich vom Leib zu halten.

Mondknoten in Haus 2 und 8 Stier/Skorpion

Die zur astralen Nabelschnur gehörenden Themen Macht/Ohnmacht, Geburt/Tod, Annehmen/Loslassen finden sich auf der Achse der Häuser 2 und 8 bzw. Stier und Skorpion (auch Aszendent in einem der Zeichen). Diese Stellung hat viel mit Substanz/Schöpung und deren Auflösung zu tun. Hier finden wir Menschen, die häufig mit Verlusten und Trennungen konfrontiert werden, aber auch die ursprüngliche Kraft der Erlösung steckt in dieser Polarität. Ist der aufsteigende Mondknoten im 2. Haus oder in Stier, so kommen diese Menschen fast wie aus dem Nichts, aus dunkler, unbewußter Tiefe. Meist tragen sie eine große Last karmischer Verstrickungen, die vielfach früher durch Mißbrauch magischer Kräfte entstanden, aber jetzt gut in der Seelentiefe versteckt sind. Doch nicht nur karmische, sondern auch frühkindliche Erinnerungen an Tod, Gewalt, Verlust, Trennung können hier im Unbewußten verkapselt sein. Diese Menschen neigen fast spontan zum Astralkontakt, denn die Astralebene ist für sie ein Terrain, auf dem sie sich meist gut auskennen. Okkultes Interesse und spirituelle Erkenntnisse aus früheren Existenzen sind ihnen zu eigen. Außerdem neigen sie zu intensiven Emotionen.

Das Ziel liegt hier in einem Leben ohne Extreme, ganz im Hier und Jetzt, in klarer Erkenntnis der Verantwortlichkeit für das eigene Handeln. Auch ist Bodenständigkeit zu entwickeln, sonst kann der absteigende Mondknoten im 8. Haus bei entsprechender Neigung den Horoskopeigner ganz in die Anderswelt, über die Grenzen des Lebens hinaus, verrücken in „Verrücktheit" oder psychotische Zustände.

Liegt der aufsteigende Mondknoten im 8. Haus oder in Skorpion, so muß der Mensch das Loslassen lernen. Er muß verstehen, daß nichts Materielles ewigen Bestand hat, ja, daß selbst das Universum sich eines Tages wieder auflösen wird und wir nichts festhalten können. Wenn er den Kreislauf von Werden und Vergehen annimmt, wird er andere Menschen nicht mehr krampfhaft umklammern und eifersüchtig bewachen, um sich selbst vor dem Verlust zu schützen.

Pluto im Brennpunkt

Neben den genannten Mondknoten und der Aszendentachse tragen noch andere sogenannte schwierige Aspekte zur Bildung von abhängigen Beziehungen bei. Ein T-Quadrat mit Pluto im Brennpunkt (= eine Opposition zweier Planeten, wobei Pluto einen 90° Winkel zu jedem der beiden hat) oder ein Kosmisches Kreuz mit Plutobeteiligung (= 4 Planeten im Abstand von jeweils 90° zueinander) gehören hierher.

Überhaupt ist ein stark betonter Pluto (oder Skorpionbetonung) immer ein Zeichen für machtvolle psychische Energie und die dazugehörigen problematischen Erlebnisse. Hier ist die Situation ähnlich wie bei den Mondknoten im 2. und 8. Haus. Diese Menschen müssen erst lernen, mit ihren Kräften konstruktiv umzugehen. Ein starker Pluto ist erkennbar durch zahlreiche Aspekte, Aspekte mit Sonne und Mond, Stellung am Aszendenten oder im 1. Haus.

Pluto-Venus-Konstellationen

Auch Pluto-Venus Verbindungen beinhalten die Mischung Macht/Ohnmacht, wie wir beim Horoskopvergleich bereits gesehen haben. Plutobetonte Menschen haben solange mit Machtthemen (im eigenen Inneren und im Außen) zu kämpfen, bis sie gelernt haben, mit diesen starken Energien konstruktiv umzugehen. In negativer Form ist plutonische Macht absolut bindend und vereinnahmend wie auch destruktiv. Wird sie im Erkenntnisprozeß in positive Bahnen gelenkt, dann hingegen kann sie Heilung und Erlösung bewirken.

Ein starker Neptun oder Fische-Betonung

Ebenso kann ein starker Neptun Indikator für das Eingehen machtvoller Astralverbindungen sein. Neptun ist Symbol des Feinstofflichen und der geistigen Kräfte. Er steht wie sein Zeichen Fische für die transzendente *Einheit des Seins.* Leider verwechseln Neptunier das überpersönliche spirituelle Einssein oft mit astraler Verschmelzung, wenn Neptuns Kraft in persönliche Beziehungen einfließt.

Die Neptunenergie ist, im Gegensatz zu Plutos offensichtlicher Macht, feiner und subtiler. Die Neptunier besitzen oft mediale Kräfte, einen starken Hang zum feinstofflichen Reich der Träume und ein starkes Einfühlungsvermögen. Man lasse sich einmal das Wort *Ein-Fühlung* anhand des bereits über die astrale Nabelschnur Gesagten auf der Zunge zergehen! Einfühlung macht, im Gegensatz zur konkreten Tuchfühlung, nicht halt an der Grenze der Kleidung. Einfühlung kann auch eine elegante Umschreibung für psychisch-energetisches Eindringen sein, nämlich dann, wenn Respekt und Achtung für die andere Seele und ihr Sosein fehlt. Eine astrale Nabelschnur unter Neptun hat oft die Form von unsterblicher, romantischer Liebe, die manchmal weitgehend ohne Sexualkontakte oder im Extremfall sogar ohne jedes Treffen (Traumpartner) auskommt. Beim echten Neptunier ist es auch denkbar, daß er ein Foto der/des Liebsten auf einen

Altar stellt und anbetet, während der Plutonier höchstwahrscheinlich über das Foto ein paar machtvolle Merseburger Zaubersprüche murmelt!

Diese Liste astrologischer Auffälligkeiten ist ganz sicher nicht vollständig, denn ein Horoskop muß stets als Ganzes betrachtet werden. Erst aus den Aspekten aller in Frage kommenden Faktoren bildet sich ein Gesamtbild heraus. Aber vielleicht können dir die genannten Konstellationen ein besseres Verständnis deiner selbst oder der mit dir verbundenen Menschen vermitteln, und über das Verstehen erwächst dann die Verwandlung.

Ein Horoskop stets als Ganzes sehen

Das Vorhandensein obiger Aspekte heißt nicht, daß der Mensch sich nicht verändern könne und daß er, nur weil es aus seinem Horoskop so abzulesen ist, nun lebenslang Astralrapporte erzeugt. Ein einzelner astrologischer Faktor darf nie dazu dienen, jemanden abzustempeln; im Gegenteil haben sich gerade Seelen mit solchen Vorzeichen die Aufgabe gestellt, ebendiese Problematiken im jetzigen Leben zu bearbeiten.

Familiäre Konditionierung

Machtvolle Familiensymbiose

Anfällig für astrale Dauerverbindungen sind des weiteren Menschen, die aus sog. Inzestfamilien stammen, ganz gleich, ob sie dabei selbst sexuell mißbraucht wurden oder nicht. Diese Familienstruktur ist von einer gemeinschaftlichen machtvollen Astralsymbiose geprägt. Man könnte sagen, daß die ganze Familie ein einziger psychisch-energetischer Organismus ist. Alle Familienmitglieder sind über astrale Nabelschnüre miteinander verknüpft und leben daher in völliger Grenzenlosigkeit. Individualität oder eine Intimsphäre der einzelnen gibt es nicht. Der sexuelle Mißbrauch ist nur eine bestimmte Manifestation dieser Grenzenlosigkeit, ein Ausdruck des Einswerdens und Einverleibens, wie es die Energieform der astralen Nabelschnur bedingt. Auch hier geht es um Macht, Kontrolle, Narzißmus, Verlustangst, nicht jedoch um Liebe oder Sexualität.

Mißbrauch und Gewalt

Sexueller und emotionaler Mißbrauch verwischen die Grenzen zwischen Ich und Du. Menschen, die als Kind mißbraucht wurden, müssen also nicht nur im physischen Bereich lernen, Grenzen zu setzen (und zu akzeptieren!), sondern auch im astralen oder seelischen Bereich ihres Seins. Durch den sexuellen oder emotionalen Mißbrauch wird die Seelenschicht der Aura gewaltsam aufgerissen, durchlöchert oder in schweren Fällen völlig entgrenzt, was weiterer astraler Beeinflussung ein freies Feld gewährt.

Ich vermute hier auch einen Zusammenhang mit dem Phänomen der *Multiplen Persönlichkeit*, wo ein Mensch mehrere, völlig unterschiedliche Persönlichkeiten in sich vereint. Hier gehen meist schwerste seelische Verletzungen und Mißbrauch in der Kindheit voraus. Die klinische Psychiatrie geht hier von Schizophrenie aus. Nach meiner Ansicht handelt es sich um eine Gruppenbildung mehrerer menschlicher Seelen auf der Astralebene, von denen nur eine auf natürlichem Wege durch Geburt inkarniert hat. Die anderen waren ursprünglich erdgebundene Seelen, die sich durch diese Verbindung in einen Leihkörper inkarniert haben. Diese Seelengruppe ist nun durch astrale Nabelschnüre untereinander verbunden und teilt sich den leiblichen Körper, wobei sich dieser nach der Persönlichkeit ausrichtet, die ihn gerade bewohnt. Es wurden z.B. je nach Persönlichkeit nicht nur Veränderungen äußerlicher Art, wie Gestik, Mimik, Handschrift usw. registriert, sondern auch unterschiedliche Krankheitserscheinungen, Blutwerte und Sehstärken und das alles in einem Körper.

Spontanes Astralwandern als Überlebenshilfe

Kinder, die sexuell mißbraucht werden oder körperlicher Gewalt ausgesetzt sind, behelfen sich in ihrer Notlage oft durch spontanes Astralwandern. Dabei verläßt die bewußte Persönlichkeit zusammen mit der Seele den physischen Körper. Dies ähnelt dem Vorgang des Sterbens; jedoch bleibt eine Energieverbindung bestehen, durch die die Seele später, wenn die Gefahr vorüber ist, in den Körper zurückkehrt. In diesem Zustand ist der Körper energetisch ungeschützt, sofern nicht entsprechende Maßnahmen getroffen werden. Schamanen oder Medien, die auf Astralreise gehen, lassen ihren Körper nicht schutzlos zurück, weil sonst eine Besetzung durch andere Energieorganismen oder Seelen möglich ist. Über diese Dinge weiß das Kind, das spontan aus dem Körper tritt, natürlich nichts. Vielleicht trifft es auf der Astralebene sogar Freunde, die dann zeitweise in den Körper schlüpfen dürfen?

Spirituelle Rückverbindung hilft heilen

Bei einer Therapie im Zusammenhang mit sexuellem oder emotionalem Mißbrauch ist es hilfreich, parallel zur psychologischen Aufarbeitung mit Hilfe von Energiearbeit und Imagination (wie im praktischen Teil beschrieben) die Grenzen der individuellen Seele zu schließen und zu schützen. Auch eine Rückverbindung mit dem spirituellen Aspekt des Menschen stärkt die verletzte Seele, denn das Höhere Selbst ist der unverletzbare göttliche Bestandteil unseres Seins. Zentrales Thema der Heilung ist das Wiederfinden von Selbstwahrnehmung und Selbstgefühl und die Rückverbindung zu den *heiligen Wurzeln des Lebens*.

Diese Rückverbindung kann durch Trancearbeit oder Meditation und die kontinuierliche Entwicklung der eigenen Spiritualität hergestellt werden. Dabei geht es nicht um die Übernahme von Dogmen und fremden Definitionen, sondern um ein beständiges Nach-innen-Sehen, um herauszufinden, was die eigene Wahrheit ist.

Okkulte Interessen

Manche Menschen benutzen Energiebänder ganz bewußt

Immer mehr Menschen beschäftigen sich derzeit mit Magie, Geistheilung, Energiearbeit, Kraftübertragungen usw. Sie entwickeln PSI-Fähigkeiten und wenden diese mehr oder weniger überlegt und verantwortungsvoll an. Bei manchen kommt es vor, daß sie diese Kräfte aus vergangenen Inkarnationen mitbringen, wo sie vielleicht spirituelle Einweihungen erhalten haben. Das konkrete Wissen um die Gesetzmäßigkeiten dieser Kräfte ist nicht mehr verfügbar, aber die Fähigkeiten sind latent vorhanden. Diese Menschen entwickeln ein Gespür für Energieverbindungen und merken auch meist sehr schnell, daß sie dadurch Macht über andere erhalten (oder bereits karmische Macht besitzen). So kommt es vor, daß jemand auch ganz bewußt seine Nabelpartner psychisch andockt und dann zu steuern versucht. Telepathische Beeinflussungen des Willens einer Person sind über einen astralen Dauerrapport sehr wirkungsvoll. Die finsteren Hobbymagiere sind sich dabei jedoch selten der Tatsache bewußt, daß sie am selben Band hängen!

Die magische Verantwortung

Alle Magie ist zweiseitig. Es braucht einen Pol, der sie abschickt und einen, der sie annimmt. Wenn beide verkettet sind, wandert alles in einen Topf. Innerhalb einer Beziehung oder Freundschaftsverbindung ist der magische Rückschlag kaum vermeidbar, wiewohl sich ohnehin alle, die verstehen, was Magie wirklich ist, einig darin sind, daß jede ausgesandte Energie zurückkehrt. Nichts im Kosmos steht für sich alleine und alles ist mit allem verbunden. Auf dieser Ebene trägt jeder für das eigene Tun die volle Verantwortung.

Ich kenne einen Fall, wo das Opfer einer intensiven, süchtigen astralen Verbindung dem dominanten, offenbar sehr gut aussehenden Partner, Haar- und Zahnausfall *anwünschte*, damit er häßlich würde und sie ihn nicht mehr so lieben „müsse". Es läßt sich denken, wer die gewünschten Unbilden erlitt! Einfacher wäre es gewesen, wenn sie Verantwortung für ihre Gefühle übernommen hätte und sich selbst von ihrer eigenen Liebesraserei verabschiedet hätte. Dann hätte sie sich diese extrem negativen Ergebnisse sparen können.

Rachsucht ist auch eine Sucht, die abhängig macht

Manche Menschen, die lange Zeit in der Ohnmacht einer suchtvollen Leidenschaft gefangen waren, glauben, wenn sie nur ein einziges Mal auch Macht über den anderen hätten, so wie er immer über sie, daß dann ein Ausgleich entstünde und sie damit frei von der Sucht würden. Doch Rachsucht ist auch Sucht. Es ist nur eine andere Droge, die da zum Zuge kommt. Oft genug schlägt die suchthafte Leidenschaft um in Haß und Rache, während das Macht/Ohnmachtgefälle bestehen bleibt. Durch Zurückzahlen mit gleicher Münze wirst du niemals Befreiung erlangen. Du knüpfst vielmehr ein Band der Rache, eine neue Komponente der astralen Nabelschnur und deine eigene Rache und Machtergreifung bindet dich umso fester an die Person, von der du ohnehin schon abhängig bist. Es ist ein Gesetz der Magie: Wenn du dich zutiefst als Opfer fühlst, dann schlag nicht rachsüchtig um dich. Deine eigene Opferidentifikation wird dafür sorgen, daß du dir selbst zum Opfer fällst. Dies ist also kein Weg, um sich aus einer solch abhängigen Verbindung zu befreien.

Magische Bänder sind psychische Programme

Auch das bewußte Einrichten magischer (Liebes-)Bänder ist immer mit Vorsicht zu genießen. Alles was du, aus was für Motiven auch immer, absichtlich an dich gebunden hast, solltest du, wenn nicht gleich, so doch spätestens kurz vor deinem Tod wieder auflösen, sonst ziehst du die Angelegenheit möglicherweise zwanghaft von Inkarnation zu Inkarnation weiter. Das magische Band funktioniert wie eine astrale Nabelschnur und wirkt als psychische Programmierung.

Ein ungereinigter Charakter nutzt oft Energiearbeit für Machtzwecke

Gerade im okkulten Bereich ist die Illusion von Macht besonders verlockend. Viele Menschen erstreben mit den verschiedensten Mitteln geistige Meisterschaft und dabei rennen sie oft mit Riesenschritten, ohne wahrhaben zu wollen, daß diese Entwicklung Zeit braucht. Spirituelle Energien bedürfen eines verantwortungsvollen Umgangs, denn sie stellen ein enormes Kraftpotential dar. Ein ungereinigter Charakter mag auf den Gedanken kommen, sie für persönliche Machtzwecke zu mißbrauchen und überblickt nicht, in was für ein karmisches Netz er sich dabei verstrickt.

Astralrapporte bei Kranken

Kranke bedürfen der Hilfe

Kranke Menschen, die gepflegt werden müssen und somit weitgehend von anderen abhängig sind, knüpfen häufig Astralrapporte zu jenen, die sie betreuen. Dies kann auch bei Menschen geschehen, die sonst nicht zum Astralrapport neigen. Wenn ein Mensch krank ist und Pflege und Sorge benötigt, dann wird in ihm jene Zeit wach, wo die Mutter das Kind versorgte und nährte. Es entsteht durch das Kranksein eine analoge Situation. Der Krankheitsstatus bedeutet oftmals dieselbe Hilflosigkeit und Sorgebedürftigkeit wie damals als Kind. Von einem Erwachsenen erwarten wir normalerweise, daß er sein Leben selbst organisiert und für seine Bedürfnisse selbst sorgt. Kranke oder Verletzte sind dazu nicht in der Lage. Sie benötigen eine Art Ersatzmutter, von der sie je nach Schwere ihres Zustandes mehr oder weniger abhängig sind.

Energetische Auslaugung beim Pflegepersonal

Dies ist der Grund, warum Pflegepersonal oder Ärzte und auch Psychotherapeuten häufig unter Astralrapporten leiden, aber umgekehrt auch selbst stark dazu neigen. Anhand des bisher über die astrale Nabelschnur Gesagten leuchtet ein, daß gerade jene Menschen, die eine mütterliche Position (das können auch Männer sein) einnehmen, astrale Machtverhältnisse provozieren. Oft geben Kranke die gesamte Verantwortung für ihr Leben und ihre Gesundheit an den Arzt oder Therapeuten ab, und leider sehen sich auch viele Ärzte gern in einer Allmachtsrolle.

Die Symptome sind ähnlich dem Partnerrapport. Häufig ist eine energetische Auslaugung, die das Maß der körperlichen Arbeit, die dieser Beruf erfordert, bei weitem übersteigt. Oft glauben die Betroffenen, sie hätten sich nur überarbeitet. Bei näherem Hinsehen stellt sich aber heraus, daß es ganz bestimmte Situationen mit ganz bestimmten Menschen waren, die die Entkräftung erzeugt haben. Kranke können ihren Energiestatus nicht selbst erhöhen, außer sie befinden sich auf dem Wege der Besserung. Der direkte zwischenmenschliche Kontakt reicht in der Regel nicht aus, um energetischen Zuwachs zu erhalten. Da die Krankheit ihre Reserven aufzehrt, klammern sich viele verständlicherweise an jene Vitalkörper, die sie umgeben.

Das kann soweit gehen, daß ein PSI-begabter Patient der Pflegerin bis nach Hause folgt, sie gedanklich weit über den Arbeitstag hinaus beschäftigt oder ihr im Traum erscheint. Hierbei handelt es sich in der Regel um eine bedürftige oder verängstigte Seele, weniger um einen vampirischen Angriff. Wenn du eine astrale Nabelschnur zu einem Patienten hast, solltest du jedoch auch sie unbedingt ablösen. Die astrale Nabelschnur ist nicht zu verwechseln mit der helfenden Hand, die wir einem Menschen in Not reichen. Helfende und heilende Energie mitteilen ist ohne Rapport möglich. Über

Schutz- und Ablösetechniken berichte ich im nächsten Kapitel. Im Fall eines Rapports zu einem Kranken empfehle ich einen energetischen *Segen* für die betreffende Person, denn wir dürfen nicht vergessen, daß diese Seele im Augenblick in einem geschwächten Körper steckt und sich vielleicht selbst gar nicht helfen kann.

Segensreiche Energien für Kranke

Ich rate jedoch vom Aufrechterhalten einer astralen Dauerverbindung aus Helfergründen dringend ab. Eine ausgelaugte Pflegerin ist für ihre Patienten kaum von Nutzen, und sie läuft Gefahr, selbst zu erkranken. Die entsprechenden Schutzmaßnahmen zur Verhinderung unerwünschter Astralkontakte können davor bewahren. Der energetische Segen, den jeder Mensch einem anderen mitteilen kann, funktioniert als Energieübertragung, aber zweckmäßigerweise nicht aus dem eigenen Energiereservoir, sondern aus einem weitaus leistungsfähigeren kosmischen Kraftfeld. Es handelt sich dabei um eine spirituelle Technik, die nicht von deiner psychischen Energie abhängt und auch nicht über die emotionale Auraschicht erfolgt. Sie hat die Form eines kleinen Gebets, das auch völlig frei erfunden werden kann. Rufe dazu irgendeine Heilungsinstanz, die du kennst und die dir passend erscheint, an, und lege die Heilung der betreffenden Person in ihre Hände.

✷ Übung

Der energetische Segen

Wenn du an keine spirituelle Instanz glaubst, bzw. keinerlei religiöse Vorstellungen hast, so wirst du eine Gottheit oder ein Geistwesen natürlich nicht überzeugend um Hilfe bitten können und also auch kein guter Segensvermittler für diese Quelle sein. Vielleicht erkennst du aber das Höhere Selbst im Menschen als Repräsentant des allem Seienden immanenten, unendlichen Geistes. Dazu mußt du keiner Religionsgemeinschaft angehören.

Aus dem Höheren Selbst um Segen bitten

Die Lebenskraft des unendlichen Spirituellen Geistes steht allen offen und alles hat ständig daran teil. Kranke sind nur oft nicht in der Lage, sie zu assimilieren. Dabei kannst du jedoch helfen, indem du sie mit der kosmischen Lebenskraft über das Höhere Selbst segnest. Konzentriere dich sowohl bei der Segnung durch die tradierte göttliche Instanz, als auch beim Segen aus dem Höheren Selbst zuerst auf das Bild des Menschen, den du segnen willst. Dann visualisiere das Bild, ein Symbol oder sprich den Namen der Instanz, die du anrufst, und fühle, wie du dich mit dieser Kraft verbindest und ihr Segen in dich einfließt. Das kann sich als Gefühlsempfindung mitteilen, oder als Bild, als Lichtstrahl oder etwas ganz anderes. Nimm dies in dich auf, bis du dich übervoll davon fühlst.

Das Höhere Selbst stellst du dir als einen gleißenden weißen Lichtball über deinem Kopf vor. Es ist ein Bild deiner spirituellen Kraft, die dich hervorgebracht hat. Sie hat mit deinem persönlichen Ego, das seinen Kopf durchsetzt, nichts zu tun. Deshalb visualisieren wir sie über dem Scheitel, als Sinnbild überpersönlichen Mitgefühls und höherer Führung. Fühle, wie du dich mit dieser Kraft verbindest und wie das Licht dich durchstrahlt. Laß es ganz in dich einströmen, bis du dich übervoll davon fühlst.

Eine schlichte Bitte genügt

Sodann sprich deine Bitte laut oder in Gedanken aus. Das könnte etwa so lauten: „X (bestimmte göttliche Instanz oder einfach Unendlicher Geist), ich empfehle dir meine Patientin Y, und lege ihre Heilung/ihre momentane Not/ihren Hilferuf in deine Hände. Dein Wille geschehe." Wenn nötig, wiederhole den Satz mehrmals, bis du ein Gefühl von Erleichterung und Entleerung der übervollen Kraftempfindung spürst. Dann erst löse das Astralband wie weiter hinten beschrieben ab.

Nicht jede Krankheit kann geheilt werden

Die Heilung Kranker ist auch ein spirituelles Geheimnis des Lebens, und mitunter bedeutet Heilung an der Seele das Durchleben von Krankheit oder Tod. Hier mußt auch du den Gedanken loslassen, daß es in deiner Macht stünde, alle zu retten. Wenn du ein Instrument zur Heilung sein sollst, dann wird dies ganz von selbst und ohne Zwang im normalen Arbeitsablauf geschehen. Dort kannst du liebevoll wirken und genügend Gutes für deine Mitmenschen tun. Du mußt nicht zusätzlich noch ständig Energien dorthinsenden. Das Leben und Sterben eines jeden Menschen funktioniert nach eigenen Gesetzen, die du nicht wissen kannst. Deshalb ist es auch nicht notwendig, daß du diesem Menschen etwas Besonderes wünschst, wie z.B. Kraft, mehr Energie, körperliche Gesundheit oder was du sonst glaubst, daß er gerade braucht. Dein Gebet für die Kranken wirkt besser und umfassender, wenn du den Weg der Problemlösung der göttlichen Instanz überläßt. Vertraue darauf, daß alles seine Richtigkeit hat, und so hast du in Liebe, ohne Anmaßung gehandelt.

Der versteckte Machtanspruch im Helfersyndrom

Du siehst, daß sich auch hinter einer gut gemeinten Absicht ein extremer Machtanspruch verbergen kann. Freilich wird dieser Machtanspruch genährt von der allgemeinen Sicht der Schulmedizin, die sich Schlachten mit den Krankheiten liefert und jedes Verschwinden der Symptome als Sieg feiert. Krankheit, Alter und Tod werden als ein Versagen betrachtet, als Makel, den es auszumerzen gilt. Leider fehlt auch in der Esoterik mitunter der wirklich ganzheitliche Blick, so daß oft einseitig jede Krankheit ausschließlich auf die unvollkommene Persönlichkeit und die falschen Denkmuster des einzelnen zurückgeführt wird. Die psychosomatische Betrachtungsweise der Krankheiten darf nicht in Zynismus gegen Kranke verwandelt werden.

Kranke sind nicht einfach *selber schuld*

Obwohl es Kranken Kraft und Hoffnung gibt, wenn sie Verantwortung für sich und ihre Krankheit übernehmen, sollten wir doch niemals vergessen, daß es auch krankmachende globale Mißstände und falsche Denkmuster im Kollektiv gibt, die ein einzelner weder allein überwinden, noch allein verantworten kann. Oft wird das kollektive Versagen erst durch eine große Anzahl menschlicher Opfer sichtbar, deren einzelne für sich betrachtet unschuldig sind an ihrem Unglück. Aber in der Summe macht ihr Leiden wieder Sinn, denn es dient der Offenbarung tiefsitzender kollektiver Fehlhaltungen, die sonst vielleicht noch lange verborgen geblieben wären.

So hat die Macht der medizinischen Technologie wie auch der geistigen Heilung, Grenzen. Der tiefere Sinn von Krankheit ist nicht immer so leicht erkennbar, wie es die Instant-Gesellschaft gerne hätte. Es gehört viel innere Kraft und Stabilität dazu, wenn du mit Patienten umgehst, die schwer leiden. Und gerade dann solltest du emotionale Verstrickungen wie die astrale Nabelschnur vermeiden und stattdessen das Leiden des Menschen akzeptieren als etwas, das zu dieser Seele gehört. Es ist Ausdruck ihrer selbst und ihres Weges, auf dem du sie nur ein Stück begleitest. Es ist ein großer Unterschied, ob du dem Menschen vom Herzen aus begegnest und ihn liebevoll versorgst, so gut du es eben vermagst, ob du ihm um seiner selbst willen zur Gesundheit verhelfen willst oder ob du dich mit Sieg oder Niederlage gegenüber der Krankheit identifizierst und dir der Gesundungsprozeß daher von persönlicher Bedeutung ist.

Den Menschen annehmen ist Liebe

Nur wenn du in liebevollem Mitgefühl handelst, bist du ganz bei dem anderen Menschen und akzeptierst ihn so, wie er ist. Dies ist dann ein Akt bedingungsloser Liebe, bei dem alle Energien frei fließen und ihrer Verwirklichung zustreben können, im Gegensatz zur problematischen, egohaften Gefühlsduselei, der die wirkliche Akzeptanz des anderen in seinem Sosein fehlt. Das Loslassen einer astralen Nabelschnur hat immer auch mit dem Loslassen der eigenen Machtansprüche zu tun. Ein Arzt oder Heiler, der sich in Größenphantasien verliert und sich ob seiner Kunst als Herr über Leben und Tod glaubt, wird seine kranken oder sterbenden Patienten ebenso belastend umklammern wie sie vielleicht ihn.

Energetische Heilarbeit ist eine große Verantwortung

In diesem Zusammenhang möchte ich auch noch auf einen wichtigen Punkt hinweisen, der mir schon öfter aufgefallen ist. Immer mehr Menschen beschäftigen sich mit energetischer Heilung (z.B. Reiki oder Pranaheilen) und praktizieren diese im alltäglichen Leben für sich und andere. Zweifellos kannst du damit dir und deinen Mitmenschen helfen. Vergiß dabei aber nicht, die Energieverbindung nach der Heilarbeit wieder aufzulösen. Dies gilt vor allem dann, wenn persönliche Interessen und Gefühle von dir während der Energieübertragung mit eingeflossen sind oder den Ausschlag für deine Heilungsabsicht gegeben haben.

Forsche zuerst in dir nach deinen Motiven, bevor du dich an Heilarbeit bei anderen heranwagst. Vor allem Anfänger in der Heilarbeit, Menschen, die ihre Sache besonders gut machen wollen, oder auch charakterlich unreife Menschen, die die Tatsache ihres *spirituellen Könnens* oftmals so sehr in den Vordergrund rücken, daß sie ihren spirituellen Kanal durch persönliche Emotionen verunreinigen, sind dafür anfällig. Dann kann sich dem Höheren Willen, der die Heilung steuert, eine ganz menschliche astrale Nabelschnur hinzugesellen, die am besten sofort nach der Energieübertragung wieder gelöst wird.

Um dem zu begegnen, solltest du deine Heilversuche grundsätzlich nur aus dem höheren Willen des Unendlichen Geistes oder der Heilinstanz bzw. dem Kraftfeld, mit dem du arbeitest, koordinieren. Nicht du heilst den anderen, sondern die Göttliche Kraft, die durch dich fließt. Heilung und Segen geschehen nach *ihrem* Willen, nicht nach deinem! So kann es sein, daß vielleicht eine Heilung, nach unserem irdischen Empfinden, auch einmal erfolglos bleibt, weil es der Höhere Wille anders bestimmt. Kläre die Menschen, denen du dich als Kanal anbietest, darüber auf, damit keine falschen Hoffnungen entstehen, die wiederum ein klebriges Energieband hervorbringen können.

Die Heilkraft ist nur geliehen

Zum Kapitel der Astralrapporte bei Kranken gehört auch die astrale Nabelschnur in der Psychotherapie. Ein therapiewilliger Mensch ist meist nicht völlig hilflos, sondern im Grunde ein Sucher nach Selbsterkenntnis. Die Aufgabe des Psychotherapeuten ist es, ihm dabei zu helfen.

Abhängigkeit vom Therapeuten

Innerhalb der Therapie werden aber auch bestimmte Situationen aus der Vergangenheit wiedererlebt, die Hilflosigkeit hervorrufen, und der Therapeut oder die Psychologin dienen hierbei als machtvolle Krisenhelfer und Führer durch die Tiefen der eigenen Psyche. Dies versetzt den Therapeuten in die Machtposition und oftmals wird ihm vom Klienten eine *Erlöserfunktion* zugeschrieben oder eine Klientin verliebt sich regelrecht in ihren Psychologen.

Dabei kann ein sehr mächtiges Band der Abhängigkeit entstehen. Wohlgemerkt, auch dieses Band ist immer gegenseitig! Ein verantwortungsvoller Therapeut wird ganz sicher versuchen, ein solches Band aus der Welt zu schaffen sobald er es bemerkt, weil ansonsten der Therapieerfolg für die Klientin oder den Klienten in Frage gestellt ist. Eine geschulte Psychologin ist in der Regel auch imstande, mit den psychischen Übertragungen ihrer Klienten konstruktiv umzugehen, sodaß sie in der gemeinsamen Arbeit thematisiert und so zum Mittel der Erkenntnis werden können.Leider gibt es auch Fälle, wo dies nicht so gehandhabt wird. Ein Psychologe hat durchaus wirtschaftliche Vorteile aus der Abhängigkeit seiner Klienten. Je länger sie bei ihm bleiben, desto mehr Geld verdient er.

Obwohl es vielleicht vereinzelt vorkommt, daß ein Therapeut seine Klientin später heiratet, findet die *Romanze auf der Psychologencouch* meist im Astralen statt. Ähnlich wie beim *Traumpartner* wird der Mensch idealisiert, oftmals zum Übervater (oder zur Übermutter) hochstilisiert, und der Psychologe mag sich in dieser Rolle vielleicht auch gut gefallen. Daraus kann eine jahrelange energetische und auch materielle Abhängigkeit werden, und was das Schlimme daran ist, es werden der Psyche durch diese Form von Machtmißbrauch neue Wunden hinzugefügt, anstatt die alten zu heilen.

Das Türchen in der Aura

Die eigenen Gefühle lassen fremde Einflüsse herein

In diesem Kapitel habe ich bisher die tiefsitzende Disposition zur Bildung von Astralrapporten angesprochen. Innerpsychische Muster oder auch körperliche Krankheiten begünstigen aus verschiedenen Gründen eine astrale Verknüpfung, die vor allem bei psychischer oder karmischer Prägung lange anhält, bzw. oft wiederholt wird. Aber auch Menschen, die sonst nicht zu Sucht und Abhängigkeit neigen und die auch ihre Beziehungen freiheitlich organisieren, werden mitunter von Astralrapporten heimgesucht. Dann nämlich, wenn Gefühle einen Vorgang, eine Begegnung, begleiten oder wenn die Aura durch ganz alltägliche Dinge ihre Schutzfunktion teilweise eingebüßt hat und empfindlich wird.

Keine astrale Nabelschnur kommt ohne Resonanz des Gegenübers aus. Ein Dauerrapport kann nur entstehen, wenn irgendein astraler Ansatzpunkt im Energiefeld des anderen Menschen vorhanden ist. Im allgemeinen ist Sympathie, Liebe oder sexuelle Anziehung im Spiel. Aber auch negative Emotionen, wie Schuldgefühle, Mitleid oder Überbesorgtheit, ebenso Wut und Haß, können Resonanzgeber sein. Diese Emotionen senden Signale aus, die das suchende Auge der astralen Nabelschnur auffängt, und an diese Energiesegmente in der Aura oder dem Chakra wird sich das Band anheften.

Die astrale Verbindung sucht einen Anknüpfungspunkt

Handelt es sich nur um vorübergehende Emotionen, die nicht fest in der Persönlichkeit verankert sind, verliert die astrale Nabelschnur ihren Haftpunkt, sobald die Gefühle verebben. Dies gilt nur für kurzzeitige Rapporte. Ansonsten spiegeln die Gefühle der Person, auf die sich der Rapport richtet, eine Art Erlaubnis, d.h. sie öffnen eine Tür in der Aura, durch die der begehrte, bemitleidete oder auch verhaßte Gast hereinkommt.

Die Aura kann durch vielerlei Einflüsse empfindlich und sogar löcherig werden

Die Aura kann aber auch durch verschiedene andere Einflüsse empfindlich und sogar löcherig werden. Sogar die Witterung wirkt sich auf das körpereigene Energiefeld aus. Streß, große Belastungen, negatives Denken, Sorgen, Erkrankungen, Drogen und Alkohol- bzw. Zigarettenmißbrauch, Verletzungen, starke Medikamente, Elektrosmog und Erdstrahlen können die Schutzfunktionen der Aura beeinträchtigen oder sogar außer Kraft setzen. Dadurch wird sie anfällig für kurzfristige astrale Überwältigungen oder das Eindringen von vielerlei psychischen Einflüssen. Machmal spüren wir, daß wir uns heute *nicht so richtig rund* fühlen; meist jedoch bleibt die Störung in unserem körpereigenen Energiefeld unbemerkt. Eine beschädigte und empfindliche Aura ist gegenüber einer rapportwilligen Person relativ ungeschützt,

Auraschutz nicht vergessen!

und das psychische Interesse der anderen kann sich ungehindert eine Lücke suchen. Deshalb ist es wichtig, immer auf mentalen und astralen Schutz zu achten. Dies liegt in der Verantwortung eines jeden Menschen selbst. Im nächsten Kapitel erläutere ich meine Schutzmethoden, doch es gibt noch viele andere. Vielleicht kennst du bereits selbst eine, die für dich die richtige ist. Wichtig ist nur, sie auch täglich (wie Zahnbürste und Gesichtscreme!) anzuwenden.

Leider treffe ich immer noch genügend Menschen, die genau wissen, wie man sich schützt, aber sie tun es nicht. „Ja, ja, ich weiß, daß es wichtig wäre," höre ich dann, „aber ich vergesse es immer wieder." Ein wenig Disziplin und Drandenken kann hier jedoch viel Unangenehmes verhüten. Es lohnt sich!

Die gesunde und die geschwächte Aura

Auflösung von unerwünschten Energieverbindungen

Beide Seiten heilen

Bei der astralen Nabelschnur handelt es sich um so etwas, wie einen nicht eingehängten Telefonhörer. Dieser muß ersteinmal eingehängt und die Dauerverbindung unterbrochen werden und diese Unterbrechung wirkt auf beiden Seiten. Das heißt nun nicht, daß man mit der Person nie wieder telefonieren darf, aber es ist fortan notwendig, den Hörer wieder einzuhängen, um den unerwünschten, symbiotischen Dauerkontakt zu vermeiden.

Langfristig das eigene Muster wandeln

Wenn du dir sicher bist, daß das, was dich an der Beziehung zu einem bestimmten Menschen stört, auf eine astrale Nabelschnur zurückzuführen ist, dann bieten sich verschiedene Möglichkeiten zur Soforthilfe an, um eine energetische Beeinträchtigung oder das Auftreten von PSI-Phänomenen zu verhindern. Langfristig ist es jedoch nötig, daß du dein eigenes Muster veränderst, das die Bereitschaft zu solch machtorientierten Verbindungen enthält. Das kann über eine passende Therapie oder über Selbsthilfe und den eigenen inneren Antrieb zur Selbsterkenntnis geschehen.

Besonders wichtig ist hierbei die spirituelle Rückverbindung zu den Kosmischen Wurzeln. Alles irdische Anhaften auf der materiellen, mentalen und emotionalen Ebene entspringt dem Verlust der Verbundenheit mit unserem Höheren Selbst. Bei der Geburt waren wir noch mit allem eins. Durch den Lernprozeß des Lebens und in der Begegnung mit anderen Menschen fallen wir aus dem All-Eins-Sein heraus in die Welt der Begrenzungen und des Getrenntseins. Dieser Prozeß ist sehr wichtig, weil nur durch Ablösung und Differenzierung jeder Mensch an sein individuelles Sein herankommt. Dabei wird jedoch oft die spirituelle Verbindung zum Ursprung völlig aufgelöst, namentlich dann, wenn der Mensch schwierige oder destruktive Lebensprozesse durch-

Urvertrauen zurück-gewinnen

läuft. Um diese Entwicklung umzukehren, muß das Vertrauen in das Höhere Selbst und seine Führung wiedergewonnen werden, denn darin wohnt das Urvertrauen in unsere Existenz, das von allen falschen Sicherheiten und Abhängigkeiten befreien kann. Dabei kann dir die in diesem Buch beschriebene Energie- und Chakraarbeit helfen.

Zur Rückverbindung mit deinem Höheren Selbst kannst du auch für dich selbst den energetischen Segen erbitten, der im Abschnitt über die Astralrapporte bei Kranken beschrieben ist. Wandle die Bitte sinngemäß ab. Am wirkungsvollsten ist es, wenn du dein Höheres Selbst täglich einfach nur um Führung und Schutz bittest. Dann wird es den für dich besten Weg zur Lösung deiner Aufgaben und Probleme wählen und sich mit der Zeit immer öfter durch Eingebungen und intuitive Sicherheit bemerkbar machen.

Soforthilfe ist begrenzt, wenn du nicht an dir arbeitest

Jede astrale Nabelschnur ist immer zweiseitig. Liebe oder zumindest Sympathie bilden die Grundlage. Das macht es auch so schwer, diese Machtverbindungen zu lösen, bzw. führt oft zu Rückfällen. Liebe in Verbindung mit Macht ist nicht zu dosieren, hier geht es stets um Alles oder Nichts. Die Wirkungen der Soforthilfe im Energiebereich sind begrenzt, wenn du nicht auch bereit bist, an dir zu arbeiten.

Ich habe Menschen erlebt, die sich die unerwünschten Bänder regelrecht aus der Aura *rupften*, „weil die andere Person so an mir zieht". Danach aber machten sie weiter wie bisher. Auf diese Weise bildet sich das Band rasch wieder. Es ist nötig, daß du die Ursachen in dir selbst ergründest und den Gesamtzusammenhang kennenlernst. Dann kannst du dein Muster und damit auch die Beziehung wirkungsvoll ändern. Zu dieser Veränderung gehört eine konsequente Grenzziehung, sowohl auf der physischen, wie auf der astralen Ebene und auch das Loslassen der eigenen Macht- und Kontrollansprüche.

Die Vorstellung von Liebe verändern

Auch ist es notwendig, daß du deine Vorstellung von Liebe änderst und dich mit der Endlichkeit des physischen Daseins auseinandersetzt. Jede Freundschaft oder Liebesbeziehung endet zu einem gewissen Zeitpunkt. Auch wenn dieser Gedanke dich im ersten Moment traurig macht, bemühe dich darum, nichts festhalten zu wollen, sondern das, was jetzt ist zu genießen. Wenn du die Endlichkeit der Beziehung anerkennen kannst, dann gehst du mit der kostbaren Zeit des Zusammenseins, die euch gegeben ist, verantwortungsvoller um. Auch wirst du wissen, daß kein anderer Mensch deinen kosmischen Hunger nach Liebe und Verbundenheit stillen kann und dein Handeln wird ein menschliches Maß erzeugen, das der Beziehung angemessen ist.

Ich hoffe, du hast dich in der Liste der Disposition auch selbst erkannt und weißt nun in etwa, auf was du bei dir achten mußt, wenn du Symbiosen vermeiden willst.

Die andere Person mit einbeziehen

Im Falle von engen Beziehungen ist es wünschenswert, daß auch die andere Person ebenso bewußt an der eigenen Veränderung und an der Beziehung mitarbeitet, sofern die Beziehung fortgesetzt werden soll. Ändert sich nur einer der Zwillinge, dann reagiert der andere meist mit Angst und Verlassenheitsgefühlen, die dann beim Partner wiederum Mitleid und Schuldgefühle hervorrufen. So können einseitige Bemühungen um Veränderung unterminiert werden. Wenn ihr jedoch beide einverstanden seid mit der Loslösung, dann könnt ihr auch ein gemeinsames *Abnabelungsritual* durchführen.

Wenn du im Alleingang deine Beziehung von Machtstrukturen befreien willst, z.B. weil dein Partner/deine Partnerin von einer Veränderung nichts wissen will oder Energiearbeit für blanken Unsinn hält, dann mußt du mit obigen Gegenreaktionen rechnen. Du wirst die Arbeit für zwei tun, was natürlich schwieriger ist. In jedem Fall brauchst du mehr Zeit und Geduld und falls dein Partner sich einer positiven Verwandlung gegenüber resistent erweist, solltest du damit rechnen, daß die Beziehung unter Umständen auch ganz auseinandergehen kann.

Mit der Arbeit an astralen Machtstrukturen verändert sich dein Bewußtsein und deine Wahrnehmung feinstofflicher Zusammenhänge wird klarer. Menschen mit allzu unterschiedlicher Bewußtheit tun sich im engen Zusammenleben schwerer. Sie verstehen sich nicht richtig und die Kommunikation leidet darunter. Es bedarf sehr viel selbstloser Liebe in einer Beziehung, um stark verschiedene Horizonte zu nivellieren. Nur auf der Basis von wirklicher Liebe wird es möglich, Unterschiede zu akzeptieren und den anderen so zu achten, wie er ist.

Auch Trennung kann heilsam sein

Echte Liebe kann aber nur in machtfreien Beziehungen gedeihen. Unterwerfung und Aufopferung ist keine Liebe, sondern die Opferseite des Macht/Ohnmacht-Musters. Wenn du diese Zusammenhänge erkennst und beginnst, dich davon zu lösen, dann wird es dir mit der Zeit unmöglich sein, mit einem Menschen, der Macht auszuüben versucht, zusammenzuleben.Wenn dein Partner dies nicht akzeptiert und mitträgt, sondern am alten Muster festhält, dann paßt ihr nicht mehr zusammen und eure Wege trennen sich. Doch dies wird auch einen Fortschritt für den anderen (nicht nur für dich) bedeuten, denn dieser Mensch lernt in dem Fall durch Lebenserfahrung, daß Festhalten, Machtausübung und Abhängigkeit die Liebe und das menschliche Zusammenleben zerstören.

Was auch immer geschieht, es werden beide Seiten geheilt. Heilen bedeutet Ganzwerden. Dazu gehört auch die Integration der eigenen Schattenseiten. Wenn ein Mensch nicht von selbst, durch eigenes Bemühen um Bewußtwerdung seine negativen Aspekte annimmt und umwandelt, dann wird er sie wohl oder übel aus den Reaktionen der anderen Menschen erkennen lernen. Geht eine Beziehung beim Auflösen von Machtstrukturen auseinander, weil einer der beiden sich nicht von seinem Machtanspruch lösen will, dann wird dieser Mensch im Prinzip vom Schicksal dazu gezwungen, sich mit dem Thema auseinanderzusetzen. Doch dieses Schicksal kommt nicht von außen, sondern aus der eigenen Verbohrtheit. Er kann zwar dann weiterhin Beziehungen nach dem alten Schema knüpfen, die wahrscheinlich am selben Punkt wieder scheitern werden, doch jedesmal wird sich auch der Schwerfälligste noch ein Stückchen wandeln.

Vielleicht bedarf es vieler solcher Umkreisungen des Machtthemas, möglicherweise über viele Leben hinweg. Und doch kann sich auch dieser Mensch der Evolution nicht entziehen. Er entwickelt sich nach seinem eigenen Rhythmus.

Daß du schneller bist als er, solltest du ihm nicht ankreiden. Trenne dich in Liebe und Verzeihen und geh du deinen Weg weiter.

Was kann die Energiearbeit leisten?

Magie erspart nicht die Bewußtwerdung

Die Maßnahmen zur Auflösung einer astralen Nabelschnur richten sich zum einen danach, ob du die Beziehung ganz beenden oder dich nach beendeter Beziehung aus der noch bestehenden energetischen Umklammerung befreien willst, oder ob die Beziehung in veränderter Form fortgesetzt werden soll. Hierbei müssen beide ihre eigenen Machtanteile aus der Nabelschnur herausziehen, ins eigene Bewußtsein integrieren und aufarbeiten. Alle Übergriffe, Ängste, Macht- und Kontrollbedürfnisse müssen bewußt gemacht und gewandelt werden. Je nach Machtintensität und Dauer der astralen Nabelschnur, geht dieser Prozeß Monate oder sogar Jahre. Es ist also nicht so, daß du mittels Magie das Ganze einfach ersatzlos wegzaubern könntest!

Die Energiearbeit über Imagination schafft einen Eingriff in deine und deines Partners/deiner Partnerin Energiestruktur. Eine lange bestehende raumgreifende Symbiose läßt sich jedoch nicht auf einmal vernichten. Die abrupte Zerstörung einer solchen Energieform schafft ein Vakuum, das erst wieder aufgefüllt werden muß mit neuer positiver Energie. Diese neuen Energien fehlen dir aber, wenn du dir nicht über die Zusammenhänge und Hintergründe klar bist. In Ermangelung neuer Konzepte bildest du die alten Muster wieder aus, wenn dir nicht bewußt ist, was du eigentlich verändern willst.

Die Intensität einer astralen Nabelschnur

Die astrale Nabelschnur ist immer ein Band der Macht. Je nach dem Machtanspruch der Menschen und der Dauer des Rapports unterscheiden wir verschiedene Intensitäten. Ein intensiver Rapport, besitzt umso größeren Einfluß auf das Leben der Betroffenen.

1. Ein karmisches Band aus einer oder sogar mehreren Inkarnationen wird in der Regel massiv besitzergreifend sein, ebenso auch eine Elternverbindung oder sonstige langjährige Verbindung.

2. Kurzfristig können Kranke oder Menschen in Not eine Astralverbindung aufnehmen, die von der Emotionalität und den PSI-Fähigkeiten der Person abhängt. Je hoffnungsloser sich der Mensch fühlt (was nichts mit der objektiven Schwere der Krankheit oder Not zu tun haben muß), desto fester wird er sich anklammern.

3. Es gibt aber auch Menschen, die im Alltag oft und schnell eine Astralverbindung knüpfen, um andere psychisch zu überwältigen, z.B. im Gespräch oder Streit. Sie versuchen auf diese Weise, jemand zu beeinflussen oder zu schwächen. Dies mag ein unbewußter Reflex sein, vielleicht auch Angst oder Unsicherheit. Bei manchen dieser Fälle kann man jedoch auch von einem regelrechten energetischen Angriff sprechen.

Die Stärke der astralen Nabelschnur ist bei allen Varianten abhängig von der Dauer und der emotionalen Ladung. Je massiver die Gefühle und auch der Wille, etwas Bestimmtes zu erzwingen, desto einflußreicher ist der Rapport.

Kurzfristige Energiebänder sind einfacher zu lösen

Aber trotzdem ist es in der Regel einfacher, ein kurzfristiges Band zu lösen, als eine langjährige Astralverbindung zu trennen. Der Zeitrahmen ist also ein wichtiger Faktor bei der Einschätzung einer astralen Nabelschnur. Bei großer Intensität in sehr kurzer Zeit, solltest du immer auch die Möglichkeit eines karmischen Rapports in Betracht ziehen.

Aber auch du selbst trägst zur Intensität der astralen Nabelschnur bei. Es kann kein Mensch ohne deine unbewußte Erlaubnis einen astralen Rapport zu dir unterhalten. Du mußt ihm also irgendwann einmal Einstieg in dein System gewährt haben. Wann kann dies geschehen sein? Bei heißer Verliebtheit ist der Fall ganz klar. Du selbst hast das Band aus eigenem Begehren mitgeschaffen. Ebenso bei den Eltern, denn zu ihnen hattest du anfangs die ganz natürliche Verbindung gehabt. Ein karmisches Band kann seinen Ursprung verhüllen. Hier könnte die Machtstruktur bereits vor einigen Inkarnationen ins Negative umgekippt sein, sodaß du vielleicht auf einen Menschen triffst, den du vom ersten Moment an, aus völlig unverständlichen Gründen, nicht leiden kannst oder sogar fürchtest.

Der karmische Rapport braucht oft mehrere Ablösungen

Ich würde in so einem Fall immer nach einer astralen Nabelschnur forschen und sie ablösen, bevor es Ärger mit der Person gibt. Es kann sein, daß du dies mehrmals wiederholen mußt, um verschiedene karmische Aspekte des Bandes zu lösen. Vielleicht entdeckst du dann auch heftige Gefühle der Sympathie und Zuneigung zu dem Menschen, was dir völlig irrational erscheinen mag - doch ursprünglich muß das Band ja von starker Anziehung besetzt gewesen sein. Laß dich davon nicht beeindrucken, sondern setze die astralen Ablösungen fort, bis emotionale Ruhe in dir eingekehrt ist.

Für eine solche karmische Ablösung ist jedoch ebenso große Bereitschaft zum Erkennen der Hintergründe nötig, wie wenn es sich um eine bestehende Beziehung handelt. Du kannst dir kein Karma abschneiden, aus dem du noch Wichtiges zu lernen hast oder für das du im Inneren noch nicht bereit bist. Vor allem mußt du den aufsteigenden Gefühlen erlauben, in dein Bewußtsein zu kommen, damit du sie annehmen und dann loslassen kannst. Was du nicht bewußt angenommen hast, kannst du nicht loslassen. Damit bleibt es als unbewußter Reizfaktor bestehen und beeinflußt dich weiterhin.

Bist du zu dieser Bewußtseinsarbeit an dir selbst nicht bereit, dann provozierst du unbewußt konkrete Erlebnisse mit dem Karmapartner, die zur Auflösung des Karmas beitragen. Du wirst sehen, daß dein Unterbewußtsein die Ablösung genau auf deine persönlichen Bedürfnisse hin abstimmt, präzise gemäß deiner inneren Bereitschaft.

Mitleid ist nicht Liebe

Kranke wollen sich vielleicht bei dir anheften, weil du die Pflegerin bist und sie dich sympathisch und fähig finden. Du hingegen öffnest dich ihnen emotional (astral), wenn du starke Mitleidsgefühle entwickelst. Wenn dir jemand leid tut (beachte die Sprache!), dann tut er dir ein Leid. Mitleid hat nichts mit Liebe zu tun, sondern gehört in den Bereich der astralen Nabelschnur. Wer Mitleid hat, fühlt sich zum einen stärker und mächtiger als das Objekt des Mitleids - es besteht hier ein Machtgefälle -, zum anderen öffnet er sich zum *Mitleiden.*

Das kann bei Verbindungen mit psychisch Kranken oder problembeladenen Menschen so weit gehen, daß du aus Mitleid fremde Probleme und Emotionen bearbeitest und durchleidest, die dir via Nabelschnur mitgeteilt werden. Davon hat der andere Mensch nur leider nichts, denn du kannst kein fremdes Schicksal auf dich nehmen und Lernprozesse für andere absolvieren!

Auch der energetische Angriff bedarf einer Resonanz

Auch der energetische Angriff muß eine emotionale Resonanz vom Adressaten erhalten, damit er überhaupt funktionieren kann. Eine plötzliche psychische Überwältigung löst oft Angst aus, Unsicherheit oder auch Schuldgefühle (z.B. wenn du nicht das teure Ding kaufen willst, das dir der PSI-begabte Verkäufer gern aufs Auge gedrückt hätte). Diese ganz normalen Emotionen machen dich astral angreifbar. Wer sich hier jedoch nicht bangemachen läßt, ist im Vorteil. Wenn du dich überwältigt fühlst, dann vermeide ein energiezehrendes Kräftemessen, sondern gewinne Zeit, erbitte eine Pause, gehe auf die Toilette, sag ganz offen, daß du Zeit zum Überdenken brauchst und deshalb den Vertrag oder was auch immer nicht jetzt gleich unterschreiben willst. Dies bedeutet bereits eine Unterbrechung eines so kurzfristigen Rapports. Ziehe gleich danach deinen Schutzkreis (siehe unter *Energiearbeit und Schutz*).

Wie wirkt die Ablösung?

Beziehungen klären

Der emotionale Inhalt einer astralen Nabelschnur bestimmt auch die Vorgehensweise zur Auflösung. Innerhalb einer bestehenden Beziehung, die fortgesetzt werden soll, ist es wichtig, sich Zeit zur Entwicklung der neuen Beziehungsformen ohne Macht und Abhängigkeit zu nehmen. Das funktioniert, wie bereits erwähnt, am besten und schnellsten, wenn beide Beteiligten zusammenarbeiten. Einer Beziehung nach der physischen Trennung nachzuhängen ist im Prinzip die astrale Fortsetzung davon. Hier wird das Auflösen des Bandes die Trennung klären und die Beziehung ganz beenden. Wird eine karmische astrale Nabelschnur aufgelöst, dann ist damit die Befreiung vom Wiederholungszwang gegeben. Karma wird erlöst. Auch hier können sich die Wege der Karmapartner auf immer und ewig trennen oder, sofern beide bereit sind, entwickeln sie neue Formen des kooperativen, machtfreien Zusammenseins.

Karma erlösen

Das Auflösen astraler Rapporte zu Kranken oder Angreifern dient in erster Linie dem eigenen Schutz vor energetischer Auslaugung und Vereinnahmung. Kranke oder Notleidende (und vielleicht auch der böswillige Angreifer?) erhalten einen energetischen Segen, der sie aus einer größeren Kraftquelle speist und ihr energetisches Ungleichgewicht korrigieren soll. Diese Praxis darf aber nicht als Ersatz für jede physische Hilfeleistung dienen.

Schutz vor Auslaugung und Vereinnahmung

Das Ablösen der astralen Nabelschnur bewirkt zunächst eine energetische Trennung, die zu psychischer Umwandlung und Befreiung der verknüpften Personen führt, was wiederum Einfluß auf deren gesamte Entwicklung nimmt. Im besten Fall, sofern beide gleichermaßen mitspielen, entwickelt sich ein neues, machtfreies Beziehungsmuster, das auf friedlichem Nebeneinander sich als gleichrangig akzeptierender Einzelwesen beruht.

Die emotionale Atmosphäre ist dann geprägt von einem ruhigen, sanften Herzgefühl, das allen Wesen gleichermaßen zukommt. Dieses Gefühl hebt nicht etwas oder jemand in einem Exzeß der Begeisterung aus der Gesamtheit des Lebens heraus. Im Gegenteil, es nivelliert starke Unterschiedlichkeiten zwischen den Menschen, weil es eine breitere Akzeptanz der Verschiedenartigkeit zuläßt. Diese bedingungslose Liebe ist deshalb so umfassend, weil sie aus der spirituellen Liebe des kosmischen Geistes gespeist wird. Hierbei fügt sich der einzelne Mensch in einen höheren Willen, im Gegensatz zum besitzergreifend Liebenden, der alles nach dem persönlichen Willen seines Egos bestimmen will.

Nach der Ablösung kann sich ein machtfreies Herzgefühl entwickeln

Viele zwischenmenschlichen Probleme entstehen daraus, daß Menschen von diesem höheren Willen, dem das Höhere Selbst entspricht, abgeschnitten sind und aktuelle oder karmische Verknüpfungen als eine Art Ersatz dafür empfunden werden. Aus der Liebe des Höheren Selbst heraus werden Machtergreifung, Besitzenwollen, Festhalten, Angst und Haß jedoch überflüssig.

Verträge schaffen eine klare Basis

Diese neue Form des Zusammenlebens erfordert klare Absprachen (zwischenmenschliche *Verträge*, um sich zu *vertragen*) und das Verbindliche, was die Beziehungen zusammenhält, basiert auf freiwilliger Hinwendung, Offenheit und Ehrlichkeit und nicht auf psychisch-astralen Zwängen und festgefügten Machtstrukturen.

Die globale Umwandlung

Nach meinem Verständnis des Wassermannzeitalters ist dies die Entwicklung der kommenden Jahrzehnte. Sowohl im persönlichen wie auch sozialen und weltweiten politischen Rahmen zeichnet sich diese Richtung bereits ab. Daß jene, die an Macht- und Zwangsstrukturen festhalten, dann isoliert und alleingelassen werden, ist eine Folge dieses Prozesses. Ich bin der Überzeugung, daß diese alten Muster irgendwann einmal einfach nicht mehr zum menschlichen Leben auf diesem Planeten passen. Die alte Machtform (und damit die astrale Nabelschnur) stirbt langsam aus, wenn sie keine Menschen mehr findet, die sie reproduzieren.

Das ist natürlich Zukunftsmusik aus weiter Ferne ... aber jedes gelungene Auflösen einer astralen Nabelschnur trägt in diesem Sinne zur dringend notwendigen Transformation der Werte der gesamten Gesellschaft bei, auch wenn sich dies zunächst nur im privaten Rahmen abspielt.

Ich bringe diesen kleinen Exkurs in globale Zusammenhänge mit Bedacht an dieser Stelle, bevor ich auf die Technik des Ablösens zu sprechen komme.

Viele Menschen fürchten einen völligen Zerfall der Beziehungsfähigkeit, wenn Astralbänder aufgelöst werden. Von übergroßem Individualismus und Einzelgängertum ist dann die Rede, von Einsamkeit und Isolation. Dies ist jedoch nicht richtig. Wir landen nicht in völliger Beziehungslosigkeit, auch wenn einige Unverbesserliche dabei zunächst herbe

Erfahrungen erleben können. Durch die Ausweitung des Herzgefühls in der gesamten Menschheit ist im eigentlichen Sinne eine Erweiterung des Beziehungsgefüges gegeben, weil es mehr und verschiedenartigere Menschen und Formen des Zusammenseins einschließt. Kein Mensch ist beziehungslos oder wird es bleiben, nur weil er Abhängigkeit und Besitzergreifung scheut. Die Gefahr einer Beziehungslosigkeit geht im Gegenteil von dem Absolutheitsanspruch der Zwillingsform aus, die sich auf ein ganz bestimmtes Objekt richtet und ihr gesamtes Wohl und Wehe daran hängt, während *der Rest der Welt* von der exzessiven Hinwendung ausgegrenzt bleibt.

Wie anfangen?

Genau prüfen, ob es wirklich eine astrale Nabelschnur gibt

Zunächst mußt du sicher sein, daß deine Beziehung wirklich eine astrale Nabelschnur besitzt. Sammle so viele Fakten wie möglich und notiere besondere Vorfälle. Erinnere dich an den Beginn der Beziehung. Manchmal ist das Ansetzen eines Nabelbandes am Solarplexus körperlich zu spüren. Es fühlt sich etwa so an, wie das Bauchkribbeln in der Achterbahn, wenn es den Berg hinuntergeht (die berühmten „Schmetterlinge im Bauch"). Danach kann sich ein warmes Gefühl über dem Sonnengeflecht ausbreiten.

Es sollten möglichst viele der beschriebenen Anzeichen, Verhaltensweisen und Umgangsformen möglichst oft auf deine Verbindung zutreffen. Wenn früher irgendwann einmal eines der beschriebenen Phänomene passiert ist, aber sonst nichts von den Merkmalen zutrifft, dann ist anzunehmen, daß keine astrale Nabelschnur zu diesem Menschen vorliegt. Vielleicht verursacht jemand anders die Störungen oder das Problem liegt in dir selbst. Wende dann nur den Schutzkreis an und wenn du magst die Chakraarbeit; diese kann dir dazu verhelfen, dir deines Problems bewußt zu werden.

Wenn du eine ganze Liste von Auffälligkeiten beisammen hast, wirst du genau einschätzen können, ob ein Dauerrapport vorliegt. Es ist wichtig, daß du dich nicht in etwas hin-

✷ Übung

Astralvision - Sehen mit dem inneren Auge

einsteigerst, was gar nicht vorhanden ist. Deine Liste der bewußten und greifbaren Fakten aus der physischen Realität kannst du noch um eine Astralvision mit dem *inneren Auge* erweitern. Schließe die Augen und entspanne dich. Du kannst dabei liegen oder auch sitzen. Wichtig ist, daß die Wirbelsäule gerade ist. Atme einige Male tief und langsam ein und aus. Dann stelle dir deine Aura vor, wie ein großes Ei aus weißem Nebel, das dich umgibt.

Betrachte deine Aura so, als würdest du dir gegenüberstehen. Auf der Aura siehst du die Energiewirbel der Chakras. Beachte das Solarplexuschakra. Läuft dort ein Lichtband heraus? Wenn ja, dann folge diesem Band bis zum Ende. Dort müßte dein inneres Auge dann die betreffende andere Person finden.

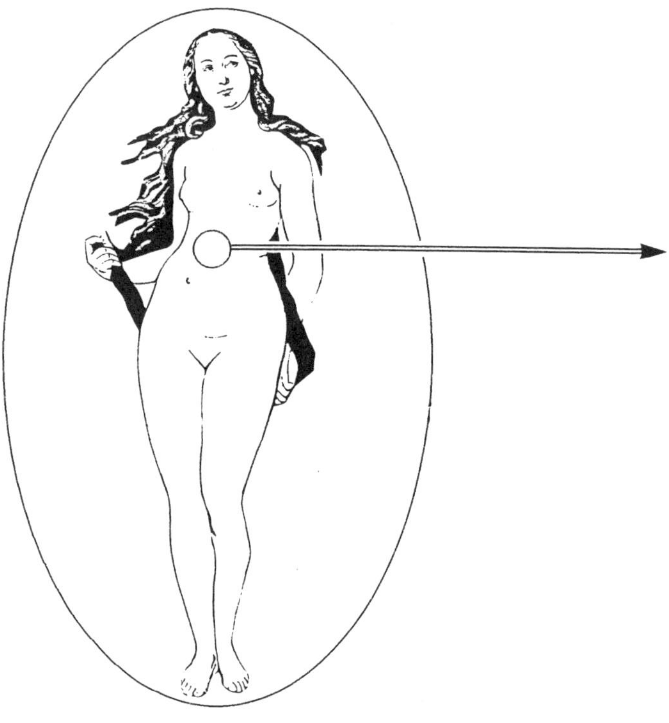

Kommt aus deinem Solarplexus ein Lichtband heraus?

Nun könntest du das Band eigentlich sofort durchtrennen. Aber es gibt gute Gründe, dies nicht übereilt zu tun. Auch du hast zur Entstehung der Nabelschnur beigetragen und scheinst irgend etwas von der anderen Person zu brauchen, so wie sie von dir. Frage dich zuerst einmal, was du in dieser Beziehung und von der Person (noch) willst:

Fragebogen

- Wie sehr hängst du an ihr? Wie sehr (und wofür) brauchst du sie?
- Führst du überhaupt ein eigenes Leben? Oder hast du bereits alles nach dem Partner/der Partnerin (Kind, Freunden, Vorgesetzten) ausgerichtet?
- Welchen Raum (Zeit) willst du der Beziehung geben?
- Wie steht es mit deinem Selbstwertgefühl? Was bist du ohne deine bessere Hälfte wert? Fühlst du dich nur wertvoll, wenn du gebraucht wirst?
- Was kann/hat die Person, das du nicht kannst/hast (aber gerne könntest/hättest)? Beneidest du sie?
- Wie gut, glaubst du, kommt der/die andere ohne dich klar? Sorgst du dich zu sehr darum?

Werde dir klar, wieviel du von dir selbst schon an die andere Person abgegeben hast. Gestehe dir deine Abhängigkeiten (auch materielle), deine Machtwünsche, dein Festhalten und deine Ansprüche bezüglich der anderen Person ehrlich ein. Auch wenn es Angst macht und wehtut.

Aber vergiß nicht: nur unbewußte Inhalte haben Macht über dich und sind unveränderlich. Das Bewußte aber kannst du jederzeit willentlich verändern! Und genau das willst du ja jetzt erreichen.

Loslassen der Illusion der Dauerverschmelzung

Bei einer Liebesbeziehung ist wichtig, daß beide Partner einander loslassen und sich als eigenständige Wesen akzeptieren. Losgelassen werden muß dabei auch die Illusion der *Dauerverschmelzung* in der *ganz großen* Liebe. Das menschliche Erleben orientiert sich entlang einer bestimmten Zeitachse. Vollkommen außerzeitlich ist nur unser spirituelles Höheres Selbst. Das Festhalten der Astralseele an ihren Emotionen schafft eine zeitliche Wirkung, indem es zur Wiederholung der Emotionen und ihrer entsprechenden Form des Ausdrucks beiträgt. So kennt also auch die Seele Zeit und speichert die zeitlichen Wahrnehmungen aus den Inkarnationen. Seelenverbindungen haben demnach ihre Zeit - sonst wäre es ja auch unmöglich, karmische Bänder aufzulösen. Die ewige persönliche Liebe zweier Seelen ist also romantische Illusion, für die du allenfalls sterben, aber nicht damit leben kannst. Die All-Liebe unseres unsterblichen Höheren Selbst jedoch ist überpersönlich. Sie richtet sich nicht auf ein bestimmtes Objekt der Begierde, sondern ist schlicht allumfassend. Ist die begierige persönliche Liebe ein gebündelter Laserstrahl, so erscheint die kosmische All-Liebe als mildes helles Licht, das nach allen Seiten ausstrahlt.

Den überhöhten Anspruch ablegen

Der Mythos der *ganz großen Liebe* macht aus den beiden Partnern etwas so Außergewöhnliches und Besonderes, „wie es die Welt noch nie gesehen hat". Vielleicht habt ihr euch anhand der vielen PSI-Phänomene eine absolut übernatürliche, gottgewollte, schicksalhafte, bombastische Verbindung zusammenphantasiert und dadurch eine Energieform kreiert, die euch nun, fern der bodenständigen Alltagswirklichkeit, ständig mit diesem überhöhten Anspruch traktiert. Also komm herunter von dem Podest, nimm der Beziehung die Gloriole ab und dir selbst und deiner Partnerin/deinem Partner den Lorbeerkranz. Dann kannst du mit der Energiearbeit beginnen.

Einfacher ist es, wenn du dich bereits von dem anderen Menschen getrennt hast, denn dann ist die Richtung ganz klar und du mußt auf die Entwicklungsprozesse des anderen keine Rücksicht nehmen, und brauchst dich mit dem Nabelzwilling nicht mehr weiter arrangieren. Aber auch in diesem Fall besteht noch ein gewisses Maß an Abhängigkeit und eine emotionale Altlast, die beseitigt werden muß, bevor du das Band kappst.

Zu einer zügigen Lösung rate ich dir im Falle eines regelrechten Angriffs, wenn du genau spürst, daß jemand dich gegen deinen Willen mit psychischer Kraft in eine bestimmte Ecke drängt oder astral belästigt. Aber auch dann solltest du nach Möglichkeit vorher einmal deine Chakras reinigen (siehe nächster Abschnitt) und stärken. Wenn du mit Kistallen arbeitest, dann nimm deinen Kraftstein zur Hand. Dies dient dem Energieausgleich, denn das Lösen eines Energiebandes kann manchmal einen Rückschlag bzw. einen Energieabfall bewirken, je nachdem, ob dein Anhängsel gerade Energien gesandt oder abgezogen hat. Der energetische Rückschlag nach der Ablösung einer Astralverbindung wird oft als plötzliches Schwindelgefühl oder Brechreiz wahrgenommen.

Der energetische Rückschlag beim Ablösen

Wenn jemand Energie zehrt, dann produziert unser System verstärkt, um einen Energieabfall zu vermeiden. Der Mehrbedarf wird also schnell integriert. Wird das Band gekappt, dann läuft das Energiesystem noch kurze Zeit auf Hochtouren, bis es sich an die neue Situation angepaßt hat. Währendessen überschwemmt es die eigene Aura mit dem Energieüberschuß. Im umgekehrten Fall, wenn dir psychische Energie gesandt wurde, fühlst du dich nach der Ablösung vielleicht einen Moment schlapp und leer und mußt dein Energiefeld erst wieder aufladen.

Energiearbeit und Schutz

Wichtig ist, daß du von jetzt an kontinuierlich deinen Energiekörper selbst stärkst, bevor du die imaginative Ablösung des Bandes vornimmst. Laß dir, wenn möglich, ein paar Wochen Zeit dazu.

Die Aura selbst stärken

Deine Bereitschaft zur astralen Nabelschnur könnte auch mit einer energetischen Aufladung an der verknüpften Person zusammenhängen. Wenn du dein Energiesystem eigenständig ernähren kannst, wirst du den Partner dazu nicht mehr benötigen. Im umgekehrten Fall, wenn die andere Person an dir zapft, wirst du dich oft müde und ausgelaugt fühlen, vor allem, wenn ihr länger zusammen seid. Dann hilft dir die Energiearbeit, deine Verluste aufzufüllen. Dies geschieht durch regelmäßige Reinigung und Aufladung der Chakras. Normalerweise genügt eine Reinigung alle vier

Wochen, evtl. an 2 - 3 Tagen hintereinander. In Krisenzeiten und bei einer starken astralen Nabelschnur kannst du sie wöchentlich, bei Bedarf auch noch öfter reinigen. Chakraarbeit ist ein wirkungsvolles Mittel, um in deiner Psyche positive Veränderungen zu erzielen bzw. dein Energiefeld zu stärken. Gehe sorgfältig mit diesem Heilmittel um! Chakraarbeit erhöht mit der Zeit dein Bewußtsein und damit auch deine feinstoffliche Wahrnehmung. So wirst du auch im Alltag immer klarer erkennen, woran eure Beziehung krankt.

✷ Übung

Chakra-reinigung und Schutzkreis

Ich reinige die Chakras über eine Visualisierung, vom Wurzelchakra aufwärts. Dazu stelle ich mir jedes Chakra so vor, als stünde ich mir gegenüber und blicke darauf. Du kannst dabei auf einem Stuhl sitzen oder bequem im Schneidersitz auf dem Boden. Ich sehe die Chakras in ihrer Grundfarbe als Energiewirbel in der Aura, die sich im Normalzustand im Uhrzeigersinn drehen müssen. Tun sie das nicht, dann beeinflusse ich sie mental dahingehend, daß sie alle richtig laufen. Dann lasse ich jedes Chakra der Reihe nach, beim Wurzelchakra beginnend, weiß aufleuchten oder sogar auflodern in einem weißen Feuer. Du kannst auch eine andere Farbe wählen, aber weiß ist als neutrale und spirituelle Farbe für spirituelle Heilarbeit am besten geeignet. Jedes Chakra darf so lange lodern und leuchten, wie es notwendig ist. Dabei werden alle dunklen Flecken und Verunreinigungen beseitigt und das Chakra mit Energie gefüllt. Danach drehen sie sich wieder in ihrer Farbe.

Nach dieser Übung visualisiere ich einen Schutzkreis aus weißem Licht, der mich wie der Ring des Saturn umkreist (in der Astrologie steht der Saturn u.a. auch für Abgrenzung). Er bildet eine Barriere gegen negative Einflüsse und Energieentladung. Du kannst auch eine Aurahülle, eine Licht-Kugel, eine Pyramide oder etwas anderes visualisieren, was für dich Schutz und Integrität bedeutet. Verwende anfangs stets dasselbe Bild, damit es sich fest einprägt und du in der Visualisierung eine Stabilität erlangst.

Wichtig ist, daß von deinem Schutzkreis nur du allein umgeben bist. Dort sitzt niemand anderes mit drin! Und schon gar nicht die Person, mit der du das Band hast. Wenn es sich um eine sexuelle Verbindung handelt, dann visualisiere gleich nach dem sexuellen Akt deinen Schutzkreis. So vermeidest du, daß die Chakras, die sich während des Aktes verbunden haben, auf Dauerrapport bleiben. Die energetische Verschmelzung im sexuellen Akt wird in manchen Religionen als Abbild der lebenspendenden Vereinigung der beiden bipolaren Schöpfungsenergien, des *göttlichen Urpaares*, angesehen. Im Tantrismus gilt der rituelle sexuelle Akt als Verbindung von Schöpferkraft und Weisheit. Diese archetypische Umarmung von göttlicher Schöpferkraft und kosmischer Weisheit ist in der Tat unendlich, denn sie symbolisiert das unendliche Erschaffen neuer Formen und Wesen. Die Unendlichkeit gilt jedoch nur auf der göttlichen Ebene und für die archetypischen Gottheiten!

Wenn ein Menschenpaar eine solche rituelle Vereinigung zelebriert, dann schlüpfen die beiden im Augenblick der Ekstase für einen kurzen Moment in die archetypischen Rollen und berühren ihren eigenen göttlichen Funken und damit die Ebene, wo alles eins ist. Dieser kurze Moment läßt sich für Menschen nicht auf die überirdische Unendlichkeit ausdehnen, da unsere Funktion und Erscheinung als Mensch begrenzt ist. Jedes Festhalten kann dann nur wieder eine psychische Astralverbindung schaffen, als ein Surrogat göttlicher Liebe und Allverbundenheit, das den wahren Sinn des Rituals verfremdet und die Menschen an illusionäre Projektionen bindet. Andersherum ausgedrückt, könnte die Sucht nach dem Seelenzwilling auch eine unbewußte und fehlgeleitete Suche nach Gott sein. Daraus wird die Wichtigkeit der Rückverbindung zum Spirituellen Selbst, zu Gott in uns, als unerläßlicher Faktor der Selbstbefreiung ersichtlich.

Die Sucht nach dem Seelenzwilling als Suche nach Gott

Das Ziehen deiner schützenden Grenze kommt nicht einem *völligen Verschließen deiner Tür* gleich. Dein Energiefeld bleibt dabei kommunikationsfähig. Es wird nur sichergestellt, daß keine negativen Fremdeinflüsse eindringen bzw. daß du nicht entladen wirst. Der Schutz ist ein Symbol deiner Integrität und Individualität. Präge deinem Schutzsymbol ein, daß du Schutz auf allen Ebenen wünschst. Der Schutz soll gegen physische, mentale, psychische und spirituelle

Der Schutz ist Symbol deiner Integrität

Einflüsse, die nicht in Übereinstimmung mit deinem Höheren Selbst sind, abschirmen. Er hält also alles ab, was du nicht brauchen kannst, läßt jedoch das, was deiner Entwicklung dient, ungehindert hindurch. Durch die regelmäßige Anwendung des Auraschutzes wirst du mit der Zeit immer klarer dein wahres Selbst leben und dich immer weniger von deinem Weg ablenken lassen. Regelmäßiger Schutz bedeutet nichts anderes, als Verantwortlichkeit sich selbst gegenüber. Und Eigenverantwortung ist die Voraussetzung für ein weiterreichendes (Verantwortungs-)Bewußtsein.

Regelmäßig anwenden!

Die Haltbarkeit des Schutzkreises ist begrenzt. Leider läßt sich mit einem einmaligen Ritual keine endlos dauernde Wirkung schaffen, da im Universum alles ständig in Bewegung ist („Gott schafft die Welt täglich neu."). Eine Kraft fordert immer die Gegenkraft heraus, und so verliert deine schöne weiße Schutzhülle ihre Strahlung, wenn du sie nicht immer wieder neu auflädst. Sie entlädt sich z.B. durch andere Menschen, durch elektromagnetische Felder, Erdstrahlen, Streß, Überanstrengung, Krankheit usw., weshalb du sie öfter, mindestens aber täglich zweimal (am Morgen und am Abend) visualisieren solltest. Du kannst den Schutz auch dann anwenden, wenn du mit Gesprächspartnern zusammentriffst, die dich zu überwältigen drohen.

Ein Zeichen für eine gesunde und geschützte Aura

Hilfsmittel zum Auraschutz

Auch das Tragen eines schwarzen Turmalins oder eines Quarzes, in dem schwarze Turmalinstäbchen eingeschlossen sind bietet eine Art Schutzschild gegen fremde Einflüsse in der Aura. Ich persönlich finde zwar das Visualisieren einer Schutzhülle wirkungsvoller, aber wenn du dir anfangs nicht sicher bist, ob deine Visualisierung stark genug ist, kann ein solcher Stein eine gute Unterstützung sein. Er wirkt offenbar verdichtend auf die Aura. So verhindert er eine zu schnelle Entladung der schützenden Energie. Ebenso läßt sich das obige Kraftzeichen als Talisman verwenden. Dies mag dir entgegenkommen, wenn du mit dem Visualisieren Schwierigkeiten hast und es deiner Vorstellungskraft nicht gelingt, bildhaft eine Hülle zu erschaffen. Fertige eine Kopie an, betrachte sie in meditativer Ruhe und baue dabei ein absolutes Gefühl von Sicherheit und Geborgenheit in dir auf. Wiederhole diesen Vorgang sooft, bis dir das Bild wie ein Verkehrszeichen in Fleisch und Blut übergegangen ist und ein kurzer Blick auf den Zettel dich sofort in das geschützte Gefühl zurückversetzt. Das Zeichen ist so einfach, daß du es ohne Schwierigkeiten im Gedächtnis behalten wirst und später jederzeit auch ohne den Zettel herbeiholen kannst.

✷ Übung

Die Chakras mit Kristallen aufladen

Die Chakrafunktionen lassen sich auch durch Auflegen oder Tragen von Edelsteinen unterstützen. Ich selbst arbeite gern mit kleinen Bergkristallen, die ich für etwa 10 - 20 Minuten auf ein geschwächtes Chakra auflege (beim Wurzel- oder Kronenchakra auch auf Bauch bzw. Stirn) .

Durch diese Praxis werden nicht nur die Chakras genährt. Die Kristalle öffnen auch deine Verbindung zum Höheren Selbst und helfen dir, deine Spiritualität zu entwickeln. Bergkristall ist ein hervorragender spiritueller Akkumulator. Prinzipiell steht das Höhere Selbst mit allen Chakras in Verbindung, denn jeder Funktionsbereich ist vom göttlichen Funken durchdrungen. Manche Menschen legen die Steine nur auf das 3. Auge oder den Scheitelpunkt, weil sie glauben, daß sie dadurch ihr Spirituelles Selbst schneller erreichen. Ich rate dir, die Kristalle auf jene Chakras zu legen, die sich bei der Visualisierung oder beim Pendeln linksherum drehen oder stocken. Es nützt nichts, wenn du dich für den Himmel öffnest, obwohl du auf der Erde blockiert bist!

Die Steine werden vor dem Auflegen gereinigt, indem ich sie in der Vorstellung in silberweißes Licht tauche. Wenn dir das Bild gefällt, dann kannst du deinen Stein auch in einem kühlen, weißen Feuer (einem spirituellen Flammenmeer) visualisieren. So wie bei der Chakrareinigung werden dabei alle energetischen Verunreinigungen aufgelöst und der Stein bekommt seine volle ureigene Wirkkraft. Kristalle haben eine hohe Schwingung und geben sehr viel Energie ab, weshalb mir persönlich fingergliedgroße rohe Kristallspitzen genügen. Ich lege sie mit der größten glatten Fläche auf das jeweilige Chakra. Dann konzentriere ich mich auf den Stein, während ich ruhig liege.

Manchmal höre ich schöne ruhige Musik dabei. Kristalle besitzen eine stabile energetische Schwingung, die in ihrem molekularen Kristallgitteraufbau zum Ausdruck kommt. Deshalb können sie unserem Aurafeld stabilisierende, gleichförmige Informationen übermitteln. Danach bedanke ich mich bei dem Stein, denn auch in ihm schwingt der Geist des Kosmos und er ist wie wir Menschen auch eine Erscheinungsform der unendlichen Urkraft.

Nach der Energiearbeit stets auf gute Erdung achten!

Bei jeder Art von Energiearbeit ist es wichtig, sich danach immer wieder auch zu erden, um den Kontakt zum Boden nicht zu verlieren. Menschen, die noch nicht viel Erfahrung mit ihren eigenen Energien haben, überladen sich oft bei der Energiearbeit. Es ist ein schönes Gefühl, die Lebenskraft aufsteigen zu spüren, was auch eine Art *heilige Abgehobenheit* erzeugen kann, aber du darfst nicht vergessen, daß ein Übermaß an Energien der höheren spirituellen Frequenzen den Menschen ebenso ins Ungleichgewicht bringt wie eine materialistische Überbetonung.

Die Überladung erzeugt eine große Menge brachliegender Energie, die ungenutzt und ziellos in der Aura umherwandert, da sie auf kein bestimmtes Projekt gerichtet ist. Führe daher keine Energiearbeit ohne guten Grund und ohne Ziel aus. Diese Dinge sind weder Gesellschaftsspiele, noch ein Zeitvertreib, sondern hochwirksame Heilmittel, allerdings meist ohne spektakulären Showeffekt.

Energiearbeit wirkt subtil und unsichtbar, und du benötigst ein hohes Maß an Bewußtsein, um die Veränderungen im Energiefeld direkt zu erspüren. Wenn du durch Energiearbeit eine zu starke Ladung erzeugt hast, fühlst du dich danach nervös und überspannt, das Blut in deinen Adern pulsiert und saust. Baust du diesen Zustand nicht wieder ab, vermagst du nachts nicht mehr einzuschlafen. Es kann sogar zur dauerhaften Erhöhung der Pulsfrequenz oder zu Herzklopfen kommen, was wiederum angstauslösend ist. In seltenen Fällen kann auch ein akuter Fieberschub auftreten. Dies sind ernstzunehmende Signale für ein Zuviel des Guten.

Nach der Chakraarbeit solltest du dich erfrischt und wach, aber nicht überdynamisiert fühlen. Wenn dies doch einmal der Fall ist, dann mache folgende Übung:

✷ Übung

Erdung

Stelle dich aufrecht hin. Die Füße sind etwa eine Ellbogenlänge auseinander und die Knie leicht angewinkelt. Fühle deinen festen Stand und den Bodenkontakt deiner Fußsohlen (ohne Schuhe). Stütze die Fäuste in die Hüften und atme dann ca. 10 mal ganz langsam tief ein und aus. Stell dir dabei vor, daß bei jedem Ausatmen überschüssige Energie durch die Fußsohlen abfließt. Danach bist du geerdet und stehst wieder fest auf dem Boden. Diese Übung wirkt auch gut bei Streß jeglicher Ursache.

Fahre in der nächsten Zeit dann deinen Eifer in Sachen Energie- und Chakraarbeit etwas herunter. Denn merke: Wer langsam fährt, kommt auch zum Ziel! Und zwar meist auf einer vernünftigeren und soliden Basis. Dies gilt ganz besonders für spirituelles Wachstum.

Den Körper nicht vergessen!

Vergiß bei all der feinstofflichen Arbeit nicht den physischen Körper. Was den Schutz angeht, so ist unsere Haut die Grenze zur Außenwelt. Eine gesunde Haut bietet ein Maximum an Schutz gegen Eindringlinge wie Mikroben, Pilze usw. Du solltest also auch deine körperliche (Schutz)Haut pflegen. Bürste den Körper täglich mit einer weichen Bürste, um die Durchblutung anzuregen und verwende nach dem Duschen ein gutes Pflanzenöl zur Pflege, z.B. Distel-, Weizenkeim- oder Sesamöl. Die Distel ist aufgrund der Pflanzensignatur mit ihrer stacheligen, lederartigen Haut eine ausgezeichnete Schutzpflanze. Wenn du magst, gib ein paar Tropfen ätherisches Öl als Duft dazu. Du kannst dein Haut-Öl auch mit der Schwingung des Turmalins aufladen. Dazu legst du den Stein über Nacht in das Öl. Anderntags kannst du ihn herausnehmen und mit etwas Shampoo sauber abwaschen. Das Öl jedoch hat die Schwingung (Information) angenommen, und mit jedem Auftragen gelangt diese Information auch in dein Energiefeld.

Eine gute Ernährung erdet und macht dich ebenfalls widerstandfähiger gegen äußere Einflüsse. Wichtig ist auch ausreichend Schlaf und körperliche Bewegung. Streß ist ein starker Faktor, der sowohl das körperliche wie auch das astrale Immunsystem auf Dauer zerstört. Optimaler Schutz muß auf allen vier Ebenen praktiziert werden: für den Körper, den Geist, die Seele und dein spirituelles Wesen.

Fremde Energien entladen

Auradusche und Meersalzbad

Energetische Beeinflussungen lassen sich auch aus der Aura schwemmen. Als ich den Friseur Marcello das erste Mal traf, hatte ich hinterher das starke Bedürfnis, mich zu duschen. Damals wußte ich zwar noch nicht soviel wie heute über diese energetischen Zusammenhänge, aber instinktiv tat ich das Richtige. Stelle dir beim Duschen vor, daß das Wasser nicht nur den Körper reinigt, sondern auch die Aura. Der silbrige Regen schwemmt alles Belastende und jede Verunreinigung aus ihr heraus. Visualisiere dich danach mit einer strahlend hellen Aura.

Besonders wirkungsvoll und natürlich noch schöner ist das Baden im Meer oder in einem See, weil eine große Wassermenge selbst extrem starke negative Energien entladen kann. Konzentriere dich beim Schwimmen auf die gewünschte Wirkung und du wirst ein Wunder des Wasserelementes erleben. Zuhause kannst du dir behelfen, indem du ein Bad mit 1 - 3 Handvoll Meersalz (je nachdem, wie voll du deine Wanne laufen läßt) nimmst. Damit habe ich gute Erfolge erzielt und die Chakras gleich mitgereinigt.

Alufolie schirmt ab

Wenn du arge Verspannungen am Solarplexus hast und dich regelrecht angegriffen fühlst, kannst du dir mit einem Stück Alufolie behelfen. Klebe es mit einem Pflaster einfach darüber. Die Folie wirkt abschirmend. Auch körperliche Betätigung oder Gymnastik hilft. Wenn du dich heftig bewegst, dann können sich Energieformen in deiner Nähe nicht halten. Du zerschlägst sie geradezu. Bewegliche Objekte, wie z.B. Mobiles und Windspiele zerstreuen Energieballungen ebenso. Auch ein Fächer kann ein diskreter Geistervertreiber sein.

Körperliche Betätigung entlädt Energieformen

Der starke telepathische Zufluß kann im Extremfall dazu führen, daß du an nichts anderes denken kannst als an deinen Astralzwilling. Dann solltest du auf der mentalen Ebene Grenzen ziehen, indem du deine Gedanken ablenkst. Schwierige Buchführung, ein spannender Krimi, ein toller Film oder eine laute Party könnten helfen.

Affirmationen, die sowohl dir als auch der anderen Person klarmachen, daß ihr zwei eigenständige Individuen seid, sind ebenfalls hilfreich, denn sie wirken direkt auf der Mentalebene. Sie bilden einen mentalen Filter, eine Gedankenform, die durch oftmaliges Wiederholen eine energetische Aufladung erhält und so zu einem wirksamen Schutz wird. Im Anhang habe ich eine Liste hierzu passender Prägungen zusammengestellt.

Mentale Filter gegen Telepathie

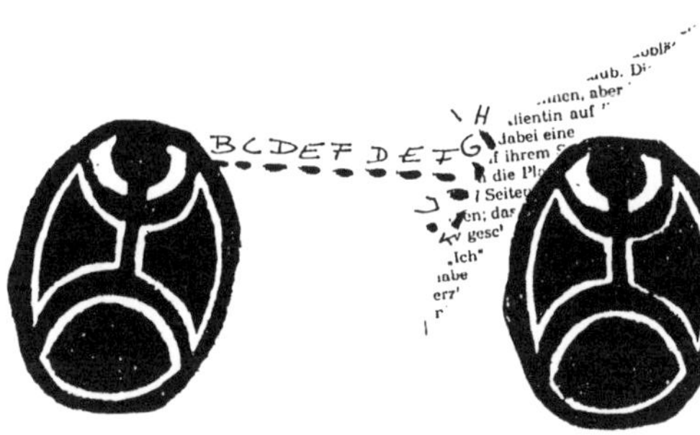

Die Wirkung des mentalen Filters (Affirmation oder Mantra)

Das Ganze nützt natürlich wenig, wenn du dir jetzt ständig Gedanken darüber machst, ob die andere Person aus Liebe zu dir vielleicht doch verschmachtet und ob du vielleicht nicht doch zu grausam bist. Dann mußt du wieder zurück auf „Los" und nochmal von vorne bei dir selbst (und auf Seite 1 dieses Buches) anfangen!

Der Schutzwall um das Haus

Bei Manifestationen und PSI-Phänomenen in deinen Räumen legst du einen weiteren Schutzwall um deine Wohnung oder um das Haus. Diesen Kreis oder die Hülle solltest du mindestens 10 Minuten konzentriert visualisieren. Vielleicht kannst du auch einen oder mehrere vertraute Menschen bitten, dich bei dieser Visualisierung zu unterstützen.

Ausräuchern von Räumen

Auch das Ausräuchern der Räume reinigt die Atmosphäre von fremder Energie und zerstört nachhaltig die unerwünschten Energieformen. Du kannst dich auch selbst in den Rauch stellen und die Aura damit reinigen. Verbrenne dazu je eine Prise Salbei, Rosmarin und Lavendel zusammen mit Weihrauch oder anderen Harzen auf Holzkohle.

Das Räucherzubehör ist in Fachgeschäften für Kirchenbedarf, Asien- oder Kräuterläden oder auch auf Weihnachtsmärkten erhältlich.

Kontaktgegenstände entfernen

Nach konfliktreichen Trennungen von Beziehungen ist auf die Kontaktgegenstände in deiner Nähe zu achten. Selbstverständlich wirst du den teuren Brillantring nicht mehr tragen! Auch wenn dich heftige Sentimentalität anwandelt (was ganz sicher passiert), so ist es doch am besten, alle Geschenke und sonstigen Erinnerungsgegenstände einzusammeln und im Keller zwischenzulagern oder gleich wegzugeben. An ihnen haften Energien und emotionale Erinnerungen, ja im Grunde hat jeder dieser Gegenstände ein Energieband, das es dir erschwert, die astrale Nabelschnur zu lösen.

Das Entfernen dieser Gegenstände ist eine *magische Handlung*, die deinem Unterbewußtsein klarmacht, daß du jetzt Grenzen ziehst und die Zugriffsmöglichkeiten der anderen Person aus deinem System entfernst. Die vielen kleinen Geschenke in deinem Zimmer wirken nämlich wie viele kleine Fäden in deiner Seele.

Für gewöhnlich *wehrt sich* die Nabelschnur gegen solche Handlungen mit allerlei Gründen, warum gerade dieses und jenes nicht aus deiner Atmosphäre verschwinden sollte. Vielleicht glaubst du auch immer noch, daß du den Zehnkaräter deshalb bekommen hast, weil du so wertvoll bist. Dann ist es an der Zeit, daß du dein Selbstwertgefühl von dem Ding abziehst! Versetze es im Pfandhaus und mach dir ein schönes

Wochenende mit dem Geld. Tu, was dir Spaß macht! Dann hast du das Energieband mit Sicherheit um die Hälfte verdünnt.

Was du allerdings nicht tun solltest, ist das das Verbrennen von Fotos oder Briefen. Ein solches Ritual in der entsprechenden Stimmung ausgeführt, kann dir und der anderen Person aufgrund der Heftigkeit des Feuerelements möglicherweise schaden oder sogar ein *Band der Wut* installieren. Einfaches Wegwerfen ist hier die bessere und endgültigere Lösung.

Fotos und Briefe nur wegwerfen

Das Durchtrennen der Nabelschnur

Das direkte Abschneiden der astralen Nabelschnur erfolgt imaginativ durch eine entsprechende Visualisierung oder durch eine magische Handlung, die im Prinzip auch nichts anderes ist als ein Bild für dein Unterbewußtsein. Wenn du das Astralwandern beherrscht, kannst du das Band auch direkt auf der Astralebene abtrennen.

✷ Übung

Loslösung durch Visualisierung

Für diese Operation ist es gut, wenn du dir vorher göttlichen Beistand sicherst. Bitte dein Höheres Selbst, deinen Gott, den Schutzengel oder sonst eine spirituelle Instanz, die für dich mit Erlösung und Heilung zu tun hat, um Mithilfe. Dies unterstützt dein Tun und du kannst sicher sein, daß das Band richtig abgelöst wird. Visualisiere einen Lichtkreis in hellblauer Farbe um dich herum. Er dient allgemein dem Schutz magischer Heilungsrituale.

Stell dir dann vor, daß ein Band von deinem Solarplexus zu der anderen Person führt. Laß dich dabei von deinem ersten Eindruck führen. In der Regel erhältst du das Bild eines ganz bestimmten Bandes. Die Farbe und Beschaffenheit gibt symbolhaft Aufschluß über die Verbindung. Ich sah goldgelbe flache Bänder, schwärzlichgraue Kordeln mit kalkartigem Belag, einmal sogar ein bösartig schillerndes schwarzrotes Etwas. Alte, vertrocknete Elternbeziehungen wirkten wie ein zerknitterter Papierschlauch usw. Dieses Band schneidest du nun in deiner Vorstellung durch. Erst mit einem Messer, einer Schere oder einem Schwert, was dem Element Luft, dem klaren Verstand, entspricht. Damit bekundest du deinen Willen.

Es ist möglich, daß dich in dem Moment eine Woge von Energie überflutet oder daß du dich schlagartig geschwächt fühlst. Beachte dies nicht weiter, sondern führe dein Werk entschlossen fort.

Nimm nun in deiner Vorstellung eine Fackel, ein Feuerzeug, ein Zündholz oder eine Kerze und brenne die beiden herabhängenden Reste ab bis zur Aura. Dies entspricht dem Element Feuer, der spirituellen Kraft. Damit ist das Band aufgelöst.

Das nun freiwerdende Energiebewußtsein kehrt zum jeweiligen Urheber zurück. Auf die Chakras von dir und deinem Ex-Nabelpartner legst du nun noch ein hellblaues Pflaster der Heilung, ein Schild aus Licht o.ä. Du kannst dem Pflaster auch eine hübsche Form geben, z.B. eine Blüte, ein Blatt, ein Pentagramm.

Dieser Abschluß ist sehr wichtig, denn er symbolisiert nochmals deine Verantwortlichkeit während der Energiearbeit für euch beide und die Anknüpfungsstelle wird auf diese Weise bei beiden geheilt. Damit ist auch klar, daß es sich nicht um einen bösartigen Übergriff handelt.

Wenn du die ganze Visualisierung konzentriert durchgeführt hast, dann hast du sicher ein starkes Bild im mentalen Willensbereich geschaffen, das in die Astralebene und Gefühlswelt gespiegelt wird und dort seine Wirkung zeigt.

Danke deinem Höheren Selbst oder dem spirituellen Helfer, löse den hellblauen Kreis auf und laß jetzt den Dingen ihren Lauf. Laß los, denke nicht mehr daran, sprich auch nicht sogleich mit jemand darüber. Dadurch wird das Thema nur wieder aufgewühlt. Eine innere Umwandlung braucht etwa drei Monate Zeit, bis sich neue psychische Muster gebildet haben. Übe dich in Geduld.

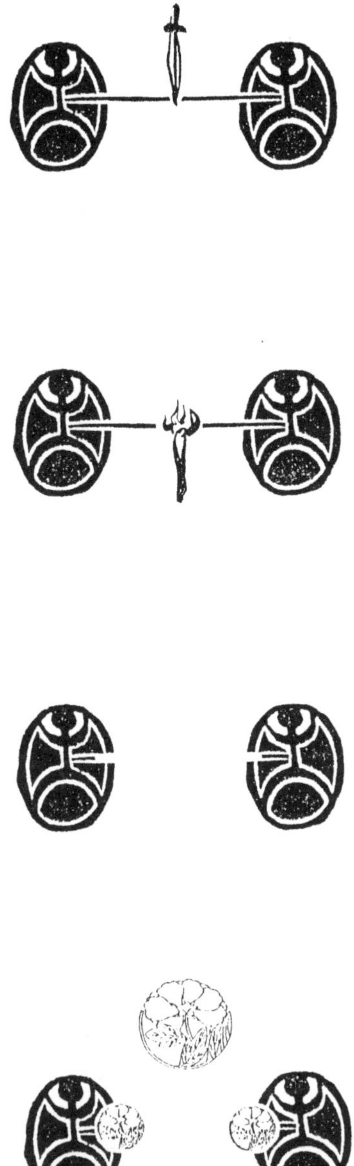

1. Schritt:
Die Willensäußerung

2. Schritt:
Die Verbrennung

3. Schritt:
Die Rückkehr der Energie

4. Schritt:
Das Pflaster der Heilung

Die vier Schritte der Ablösung

✷ Übung

Loslösung durch ein magisches Ritual

Du kannst diesen Vorgang auch als konkrete Handlung durchführen. Sichere dir vorab wieder den spirituellen Beistand durch ein Gebet oder eine kurze Meditation auf dein Höheres Selbst. Konzentriere dich.

Nimm ein Stück Stoffband oder Kordel als Symbol der Nabelschnur. Schneide sie ohne Zögern entzwei und verbrenne die Teile in einer bereitgestellten Kerzenflamme. Hier erfolgt das Pflaster in Form eines Spruches wie z.B. „Es geschehe zur Heilung aller Beteiligten." Danke deiner Gottheit, löse den Lichtkreis auf und vergrabe die Asche. Dieser kleine magische Kunstgriff wirkt ebenfalls bis in die Astralebene und kann emotional umwandeln und befreien.

Beide Arten der Ablösung sind *Heilungsrituale* und du solltest sie auch in neutraler Stimmung und mit dem Wunsch nach Integration und Erlösung für dich und die andere Person (und wenn du willst für alle Menschen, die auf diese Weise gebunden sind) durchführen.

Führe generell kein Ritual aus, wenn du emotional aufgewühlt, wütend oder gar rachsüchtig bist, denn deine Emotionen fließen mit ein in die Handlung und beeinflussen die Wirkung! Du wirst dann keine Heilung erwirken, sondern nur deine Gefühle reproduzieren.

Magie wirkt über das Unbewußte

Warum wirken magische Handlungen oder Visualisierungen überhaupt? Und weshalb genügt es nicht, wenn du dir nur vornimmst, in Zukunft alles Notwendige zu verändern? Du erinnerst dich: die Astralebene hat nichts mit der Mental- oder auch Verstandesebene zu tun. Im Astralen regiert das Unbewußte. Es weiß nichts davon, was du rational z.B. von dem Text dieses Buches begriffen hast. Dem Unbewußten mußt du eine *bildhafte* Erklärung der Dinge geben. Du mußt ihm zeigen, was es tun soll.

Im Unbewußten agiert das innere Kind, und die Wahrnehmung des inneren Kindes ist multidimensional. Nicht umsonst sind Kinder kreativ und spontan, dabei aber nach rationalen Begriffen auch unlogisch und chaotisch. Sie schöpfen direkt aus einer bildhaften Fülle von Möglichkeiten, während die Denkvorgänge der Mentalebene selektiv und in zeitlicher Aneinanderreihung ablaufen. Die magische Handlung oder Visualisierung ist eine direkte *Umprägung deines Unbewußten*. Dabei werden sogar auf der stofflichen Ebene Neuronenfelder im Gehirn umgewandelt und neu programmiert. Neuronenfelder sind Zusammenschlüsse von Gehirnzellen (Neuronen), die via Netzwerk als Einheiten in einer bestimmten gemeinsamen Schwingungsfrequenz vibrieren.

Umprägung des Unbewußten

Sie steuern die Wahrnehmung eines bestimmten Bereiches des Lebens. So gibt es Neuronenfelder für Sprache oder eben auch für unser Beziehungsmuster. Die magische Visualisierung bedeutet einen machtvollen Input bestimmter Informationen auf das Neuronenfeld, wodurch im besten Fall, d.h. wenn dein magisches Experiment funktioniert hat, die Schwingung des Feldes verändert wird.

Durch die Frequenzänderung sterben Neuronen ab und andere nehmen die neue Schwingung an und gesellen sich dazu. Dies ist die Entsprechung magischer Umwandlungsprozesse auf der Körperebene, denn der physische Körper ist ein Abbild des feinstofflichen Energiekörpers, und dies ist auch der Grund, warum man sich nach jeder Umwandlungsarbeit, sei sie psychologischer oder energetischer Art, körperlich entkräftet fühlt.

Die magische Handlung beschleunigt daher den Prozeß der Veränderung. Wichtig ist nur, daß du genau weißt, was du willst und dich auch genauso fühlst, damit ein einheitlicher Input gewährleistet ist. Das Durchtrennen einer astralen Nabelschnur ist wertlos, wenn du dabei innerlich noch Gefühle klebriger Abhängigkeit oder auch haßerfüllter Rachsucht und Unverzeihlichkeit spürst oder insgeheim hoffst, daß nur ja nicht die Beziehung ganz auseinandergeht, oder auch, wenn du glaubst, das Ganze sei ohnehin nur ein fauler Zauber. Diese Empfindungen teilst du deinem Unbewußten mit und es wird sich in genau der Weise um deine Befreiung bemühen, wie du dich um innere Klarheit bemüht hast. Du kannst eine astrale Nabelschnur nicht nur ein bißchen ablösen oder nur von Montag bis Freitag, weil sie dir in der Zeit

Wichtig ist eine klare Haltung

nicht paßt. Der Erfolg deiner Ablösung hängt von deiner rationalen und emotionalen Eindeutigkeit ab. Vielleicht wird dir jetzt klar, warum du so ein Band der - mitunter jahrhundertelangen - Abhängigkeit nicht auf einmal wegzaubern kannst, sondern unbedingt erst an deiner Seelenstruktur arbeiten mußt, wenn nachhaltige Befreiung eintreten soll. Solange du Liebe mit emotionaler Abhängigkeit und Umklammerung verwechselst, kann sich das Band der Macht auch von *deiner* Seite aus wieder bilden.

✱ Übung

Verzeihen aus dem Höheren Selbst

Löst du dich aus einer negativen Symbiose, ist es unbedingt erforderlich, der anderen Person und auch dir selbst (dafür, daß du sie herangelassen hast) zu verzeihen.

Das mag dir vielleicht manchmal schwerfallen, aber jeder Gedanke an Sühne, Rache oder auch nur Rehabilitierung bindet dich erneut an die Person und du harrst dabei in einer Opferhaltung aus. Wenn du daran festhältst, kannst du nicht freiwerden.

Gelingt es dir nicht ohne weiteres, der anderen Person von Herzen zu verzeihen, dann visualisiere die Kugel aus weißem Licht, das Symbol deines Höheren Selbst, etwa einen halben Meter über deinem Kopf. Bitte nun das Höhere Selbst, es möge einen Lichtstrom des Verzeihens durch dich hindurch und zur anderen Person fließen lassen. Laß es einfach geschehen. Dieser Vorgang kann nochmals starke Emotionen erzeugen. Beachte sie nicht. Sie sind belanglose Erinnerungsfetzen, denen du keine neue Nahrung geben solltest. Dies ist ganz sicher auch eine Übung in Selbstüberwindung!

Ist dies erfolgreich geschehen, dann wirst du bald ein neutrales Empfinden für die einst mit dir verknüpfte Person haben. Bei Bedarf kannst du das Verzeihen aus dem Höheren Selbst mehrmals wiederholen, sobald dir eine Begebenheit in den Sinn kommt, die dich mit Wut und Rachegefühlen für die Person erfüllt. Bitte dein Spirituelles Selbst jedesmal erneut: „Verzeihe nun auch dies." Selbstverständlich kannst du den Strom des Verzeihens aus dem Höheren Selbst auch für dich selber verwenden, wenn es dir schwerfällt, dich selbst anzunehmen. Wer bittet, dem wird gegeben!

Die Vorstellung des Verzeihens aus dem Höheren Selbst

Eventuelle Wiederholung des Rituals

Das Umwandeln des Musters, das die Symbiose hervorgerufen hat, ist in der Regel ein längerwährender Prozeß. Es kann unbewußt wieder zu einer *Erlaubnis* der Anknüpfung kommen. In dem Fall mußt du in Abständen das Abtrennungsritual auf der Energieebene wiederholen. Werte das nicht als Rückschlag, denn bei jeder erneuten Ablösung veränderst du andere Teile des Musters im Energiefeld.

Achte während des Rituals auf alle Empfindungen und Widerstände, die aus deinem Inneren auftauchen. Sie geben genauen Aufschluß über deine wahre Einstellung zum gegenwärtigen Zeitpunkt. Nach jeder Ablösung werden dir neue Zusammenhänge bewußt, die nun verändert werden können. Es ist also nie genau dasselbe Band, das du löst.

Was passiert nach der Ablösung?

Auf Grenzen achten und zu sich stehen

Nach einer Ablösung ist es natürlich erforderlich, daß du fortan besser auf deine (und fremde) Grenzen achtest, sowohl im physischen wie im astralen Bereich. Steh dazu, daß du keine machtorientierte Beziehung mehr haben willst, und setze dies in der Zukunft fort! Dies ist der erste Schritt, um die neugewonnene Freiheit zu konsolidieren.

Visualisiere häufig den Schutzkreis, der deinem Unbewußten stets ein Signal deiner seelischen Integrität gibt. Dies gilt vor allem dann, wenn du die Person triffst, mit der du das Band hattest. Im Falle einer endgültigen Trennung der näheren Beziehungen solltest du die Person wenigstens für einige Monate nicht wieder treffen.

Rückkehr des Bewußtseins aus der Nabelschnur

Beim Ablösen des Bandes fließen die darin enthaltenen psychischen Energien zurück zu den jeweiligen Urhebern und trachten dort danach, bewußt zu werden. Dies führt dazu, daß du dir deine eigenen machtorientierten und besitzergreifenden Persönlichkeitsanteile ansehen mußt.

Es können Gefühle, visionäre Bilder, nächtliche Träume oder einfach plötzliche Geistesblitze auftauchen, die mit der Beziehung zu der Person, von der du dich abgelöst hast, in Zusammenhang stehen. Möglicherweise werden dir karmische Inhalte bewußt, die in ruhigen Momenten als innere Bilder aus dem Unbewußten hochkommen oder die du mit einer geeigneten Entspannungstechnik und etwas Übung absichtlich aufsteigen läßt, um sie zur Kenntnis zu nehmen und dann loszulassen.

Das Fehlen des Dauerrapports spürt auch die andere Person

Achte besonders auf energetischen Schutz. In der ersten Phase der Umpolung kann es zum verstärkten Anklammern kommen, da das Fehlen des Dauerrapports als Distanzierung empfunden wird. Dieses Problem taucht vor allem dann auf, wenn der Partner nicht weiß, was geschieht. Aber auch im beiderseitigen Einvernehmen bewußt durchgeführte Ablösungen wecken oft Ängste. Die Aura spürt jede noch so geringe energetische Veränderung sofort und versucht, sie auszugleichen. Das Fehlen des Energiebandes ist zunächst einmal, völlig wertfrei betrachtet, ein Abweichen vom energetischen Status Quo und bringt somit ein Ungleichgewicht oder ein ungewohntes Empfinden, das verunsichernd wirkt. Die größte Befürchtung besteht oft darin, daß ohne dieses Klebeband keine Liebe mehr zwischen den Partnern fließen könne. Diese Angst beruht jedoch nur auf der Unkenntnis anderer Dimensionen von Liebe.

Neue Formen der Liebe entwickeln

All unser Tun hat ein bestimmtes Muster. Wird uns das Muster genommen, fühlen wir uns zunächst einmal beschnitten und können das Gewohnte nicht mehr tun. Wir müssen neue Handlungswege beschreiten und lernen, ohne die alten Formen auszukommen. Soll eine Beziehung, die von einer massiven astralen Nabelschnur befreit wurde, fortgesetzt werden, müssen beide neue Formen der Liebe lernen, so wie ich es bereits beschrieben habe. In der Praxis kann es euch hilfreich sein, sich gegenseitig zu versichern, daß jetzt neue Muster der Liebe und des Zusammenseins gefunden werden und daß ihr in Geduld und Freundschaft euren Umgang miteinander umprägen wollt.

Jede astrale Nabelschnur beinhaltet auch ein gewisses Maß an Anpassung an die Partnerseele. Fehlt die Nabelschnur, dann stehen wir plötzlich allein. Die wortlose Anpassung funktioniert nicht mehr, ebensowenig die psychische Kontrolle, oder im negativen Sinne das feinstoffliche Ausspionieren der Wünsche des Partners, um die reibungslose Anpassung zu gewährleisten. Es kann also in der ersten Zeit nach der Ablösung im Alltag zu Reibereien kommen, zu Machtkämpfen, die die alten Programme wieder installieren sollen. Auch dieser Widerstand ist durch Bewußtsein am besten zu bewältigen, denn jede dieser kleinen Machtepisoden zeigt euch beiden, wo genau ihr euch gegenseitig überwältigt habt. In sehr seltenen Fällen, vor allem dann, wenn die astrale Nabelschnur einer sehr massiven, frühkindlichen Symbiose im Erwachsenenalter gelöst wird, kann es zu einem kurzzeitigen Fieberschub kommen. Im Falle der verschleppten kindlichen Astralbindung findet im Energiebereich häufig eine vorübergehende Regression statt, d.h., der Erwachsene reagiert so, wie er als Kind reagiert hätte.

Manche Kinder fiebern kurz vor den ersten Schritten plötzlich und heftig. Danach folgen die ersten Laufversuche. Das Laufenlernen bedeutet für das Kind im übertragenen Sinne auch die ersten Schritte zur Autonomie. Nun kann es selbst bestimmen, ob es sich von der Mutter entfernt oder zu ihr kommt. Vorher war es völlig vom Kommen und Gehen der Mutter abhängig.

Läuft eine Mutter dem Kind nun jeden Schritt nach, und sei es nur gedanklich oder emotional, dann hat das Kind keine Chance, sich entwicklungsgemäß aus der Symbiose zu lösen. Louise Hay schreibt als geistige Ursache bei Fieber: „Wut, aufgezehrt werden." Das Kind fiebert seiner Autonomie entgegen und *verheizt* seine Wut auf die Mutter, die seine Autonomiebestrebungen via Nabelschnur oft instinktiv hemmt. Auch wenn ein psychischer Zusammenhang naheliegt, sollte hohes Fieber jedoch selbstverständlich ärztlich untersucht und behandelt werden.

Wenn du das Band in Eigenregie gelöst hast, wirst du den Partner oder die Partnerin kaum von der Notwendigkeit des Auraschutzes überzeugen können.

✷ Übung

Schutz für andere erbitten

Aber es ist möglich, auch für andere Personen um Schutz zu bitten. Du solltest jedoch, ähnlich wie beim energetischen Segen, nicht einfach in das Leben des anderen Menschen eingreifen, sondern auch den Schutz von einer spirituellen Kraftquelle aufladen lassen. Nicht der Wille deines Egos, sondern der Höhere Wille geschehe.

Andernfalls entwickelt sich gleich wieder eine Abhängigkeit, in der du die Rolle des Schutzengels spielst, oder du fühlst dich ohnehin bereits schuldig, weil du die Energiezuleitung getrennt hast. Laß also die Person los, visualisiere lediglich einen weißen Lichtkreis oder eine neutrale weiße Aurahülle um den Menschen und bitte dann Gott, dein Höheres Selbst, den Schutzgeist o.ä. um Aktivierung des

Schutzes mit den einfachen Worten: „Bitte schütze N.N. auf allen vier Ebenen."Alles Weitere geschieht wie von selbst. Vielleicht kannst du visuell beobachten, daß die Lichthülle nun die Farbe wechselt. Sie nimmt manchmal die Farbe an, die die Person gerade benötigt, um kraftvoll geschützt zu sein. Vielleicht siehst du auch einen Wasserfall aus Licht in die Hülle einfließen.

Bemühe dich aber nicht, solche Bilder absichtlich zu erzeugen, sondern vertraue auf die spirituelle Schöpferkraft. Diesen Schutz mußt du nicht täglich wiederholen, so wie deinen Selbstschutz. Der Mensch wird von der spirituellen Instanz genau das Richtige erhalten. Wenn du dich davon lösen kannst, dich überverantwortlich für alle Belange des Partners oder der Partnerin zu fühlen, hast du einen weiteren Schritt der Befreiung getan. Du darfst dich nun zurücklehnen und ganz deiner eigenen Selbsterkenntnis widmen.

Bachblüten-Essenzen

Zur Unterstützung des Ablösungs- und Transformationsprozesses können Bachblüten-Essenzen hilfreich sein, denn sie führen der Aura ebenfalls gezielte Energie/Informationen zu. Ähnlich wie homöopathische Hochpotenzen enthalten sie ausschließlich die Energieschwingung einer Pflanze. Stoffliche Moleküle sind nicht vorhanden. Ich zähle Bachblüten daher zum großen Bereich der Energiearbeit.

Einnahmebereite Mischungen werden bereits in vielen Apotheken auf Wunsch zusammengestellt, sodaß man die gewünschten Blüten nicht unbedingt als Konzentratfläschchen (stockbottle) benötigt.

Eine Mischung beträgt in der Regel 30 ml und besteht aus Quellwasser mit einem Teelöffel Alkohol oder Obstessig zur Konservierung und aus je zwei bis vier Tropfen Konzentrat der einzelnen Essenzen. Eingenommen werden täglich viermal vier Tropfen der fertigen Mischung; morgens, mittags, spätnachmittags und abends vor dem Schlafengehen.

Eine Mischung aus *Centaury und Chicory* kann dir helfen, nicht wieder dieselben Abhängigkeitsverhältnisse zuzulassen, vor allem, wenn du der „ausgenützte" Nabelpartner warst. *Pine* hilft dir, Schuldgefühle und schlechtes Gewissen zu vermeiden, wenn du nun fortan eigene Wege gehst und nach deinen eigenen Bedürfnissen lebst. *Red Chestnut* richtet sich gegen das Helfersyndrom und die Überbesorgtheit um andere Menschen. Sie ist eine gute Blüte für „besonders leistungsfähige" Krankenschwestern und Pfleger oder Mütter die sich selbst aufopfern.

Walnut unterstützt den Auraschutz und verhindert, daß du dich wieder in das alte Muster hineinziehen läßt. Sie fördert den Umwandlungsprozeß und stabilisiert ihn. *Wild Oat* (auch gemischt mit Walnut) eignet sich besonders nach einer endgültigen Trennung aus einem abhängigen Verhältnis. Sie schafft Klarheit und zeigt dir den Weg zur Selbstverwirklichung. Sie verhilft dir zur Selbsterkenntnis deiner eigentlichen seelischen Bedürfnisse und gibt dem Neubeginn nach der Trennung eine dir gemäße Richtung. Dadurch wird verhindert, daß du das alte Muster mit einem neuen Partner wiederholst. Zur schnellen Reinigung der Aura nach der Begegnung mit einem unguten Zeitgenossen empfehle ich *Crab Apple*; entweder innerlich einnehmen, 10 Tropfen ins Badewasser oder in ein Sprühfläschchen mit etwas Wasser und als Auraspray im Raum versprühen.

Crab Apple zur Aurareinigung

Aus der Reihe der Kalifornischen Blütenessenzen empfehle ich *Yarrow* zum Auraschutz und zur Kräftigung des Energiefeldes. Sie hilft dir, negative Schwingungen nicht in dein Wesen aufzunehmen und ist besonders für sensible und medial veranlagte Menschen geeignet. Ähnlich wirkt *Pink Yarrow*, doch sie wird eher von den Menschen gebraucht, die immer wieder freiwillig den seelischen Müll und die Negativität anderer aufnehmen, weil sie nicht Nein sagen und sich vernünftig abgrenzen können.

Yarrow, Blüte für Auraschutz

Natürlich sind auch die Blütenessenzen keine Wunderheilmittel und menschliche Veränderungsprozesse dauern ihre Zeit. Der Einnahmezeitraum variiert daher von wenigen Wochen (ein 30ml-Fläschchen reicht ca. drei Wochen) bis monatelang. Der Erfolg hängt immer auch davon ab, wie große deine Bereitschaft zur Veränderung wirklich ist. In Ergänzung zur sonstigen Energiearbeit sind Bachblüten jedoch gute Stabilisatoren, von denen du dich begleiten lassen kannst, bis du selbst genügend Kraft hast.

Weitere Energieverbindungen und Gruppenrapporte

Über den Tod hinaus

Mir ging es in den vorangegangenen Kapiteln nur um konkrete zwischenmenschliche Beziehungen, wo die beiden Beteiligten im Feinstofflichen durch eine astrale Nabelschnur verbunden sind und die Seelenzwillinge sich einen mentalen und emotionalen Dauerrapport liefern, der störend bis ausgesprochen negativ sein kann.

Eine astrale Nabelschnur mit Verstorbenen

Eine astrale Nabelschnur ist aber nicht nur von Mensch zu Mensch möglich. Eine solche Verbindung kann auch über den Tod einer der Personen (bzw. im karmischen Sinne auch über den Tod beider Personen) hinausreichen. Da es sich um ein astrales Band, ein Seelenband, handelt, kann der überlebende Mensch mit der Partnerseele in Rapport bleiben.

Diese Seele verläßt dann die Astralsphäre nicht, um im Sinne der Evolution in die spirituelle Welt weiterzugehen, sondern bleibt erdgebunden. Beide halten weiterhin aneinander fest. Die übertrieben altarartige Verehrung, die manchen Fotos von Verstorbenen angedeiht, tut hierzu ein Übriges.

Durch die Erdgebundenheit der Seele wird eine baldige Reinkarnation vereitelt und der evolutionäre Prozeß dieser Seele aufgehalten. Hierbei kann es ebenso zur Auslösung aller besprochenen Symptome kommen. Erdgebundene Seelen verursachen telepathische Phänomene, psychisches Unbehagen, Alpträume bis hin zu Spukphänomenen.

Unvernünftiges Verhalten der Hinterbliebenen

Dominante oder tyrannische Menschen können ihre hinterbliebenen Nabelpartner auch nach dem Tode noch nachhaltig beeinflussen. Mitunter gelingt es der Seele sogar, im Körper der Person Fuß zu fassen, wodurch Fälle von Besessenheit ausgelöst werden können. Oft ist es jedoch auch das unvernünftige Verhalten der Hinterbliebenen, die nicht loslassen können oder wollen. Ich weiß von einer jungen Frau, die Anhängerin eines indischen Gurus ist. Als der Meister verstarb, traf sie sich mit ihrer Meditationsgruppe, um geistigen Kontakt zu ihm aufzunehmen. Mitten in der Meditation brach sie zusammen und lag tagelang wie eine Tote, fast ohne ein Lebenszeichen. Als sie wieder zu sich kam, berichtete sie, daß sie beim Meister gewesen sei, der sie nach drei Tagen endlich darauf aufmerksam machte, daß sie nun zurückkehren müsse, denn ihre Familie mache sich langsam Sorgen.

Offenbar hatte der Guru seine Jünger nicht darauf vorbereitet, wie sie nach seinem Tode allein weitergehen sollten. Daß die experimentierfreudige Meditationsgruppe eine quasi spiritistische Sitzung unternahm, um den Meister zu kontakten, zeugt von starker Abhängigkeit seitens der Schüler. Merkwürdig finde ich auch die überdimensionale Aufmerksamkeit des Meisters für die eine Schülerin. Dabei ist es gleichgültig, ob das Treffen im Jenseits authentisch war oder durch die Gruppenvisualisierung im Bewußtsein der Frau erzeugt wurde. Meiner Ansicht nach hat der Meister zu Lebzeiten seine Schülerschaft an sich gebunden und ihnen das Geheimnis spiritueller Verbundenheit vorenthalten. Das Auftreten eines derart massiven und gefährlichen Phänomens ist in jedem Fall suspekt. Es bleibt noch hinzuzufügen, daß es sich bei dieser Frau um eine eifrige Astralwanderin mit starker Medialität handelt. Sie ist also für eine astrale Nabelschnur geradezu prädestiniert.

Das Festhalten Verstorbener

Wenn Hinterbliebene den Tod geliebter Menschen nicht annehmen, dann hindern sie die Seelen am Fortschreiten in ihrer Entwicklung und sich selbst am Weiterleben. Das Leben endet nicht mit dem Tode, sondern setzt sich drüben fort. Es ist nur die stoffliche Hülle, die abgelegt wird. Geist, Seele und Spirituelles Selbst lösen sich vom Körper und treten in eine andere Dimension. Geist und Seele verschmelzen im spirituellen Selbst.

Haftet der Verstorbene mit Gedanken und Gefühlen noch am Körper und am vergangenen Leben bzw. an den geliebten Menschen, dann kehren Geist und Seele nicht ein in die spirituelle Dimension. Die unaufgelösten Gedanken und Gefühle wirken dann wie ein Magnet, der zur Wiederverkörperung hinzieht. Manchmal stirbt der hinterbliebene

Nabelzwilling aber auch selbst innerhalb kurzer Zeit *an gebrochenem Herzen*, wie es im Volksmund heißt. Dann war die Verbindung so unzertrennlich, daß der Partner nicht mehr allein existieren kann. In der Regel kommt die erdgebundene Seele dann von der hinterbliebenen los, wenn diese mit der Zeit gelernt hat, den Verlust hinzunehmen. Dadurch läßt die Partnerseele mehr und mehr los. Der laufende Rapport erlischt, aber beiden Seelen ist die Erinnerung daran eingeprägt, und bei erneutem Zusammentreffen in einer späteren Inkarnation wird die unerlöste Verbindung wiederbelebt. Solche karmischen Verstrickungen lassen sich verhindern, wenn die Beziehungen nach dem Tod einer der beteiligten Personen von den Hinterbliebenen aktiv betrauert und aufgelöst werden. Es muß klar erfaßt werden, daß alles, was die Menschen im Leben miteinander verbindet, sei es Liebe oder Haß, mit dem Tode enden muß. Wer jedoch eine Aufrechterhaltung des Bandes darüber hinaus wünscht, erhält sie mit allen Konsequenzen!

Liebesschwüre und Rachedrohung

Manche süchtig Liebenden schwören sich ein Wiedersehen im Jenseits und ewige Verbundenheit. Damit schaffen sie sich aber auch ewige Abhängigkeit voneinander und verknüpfen ihre gesamte evolutionäre Entwicklung miteinander. So sind sie gezwungen, sich erneut in dem vorher abgesteckten Rahmen zu begegnen und das Karma wieder und wieder auszuleben. Da eine astrale Nabelschnur ja eine bedenkliche Machtkomponente enthält, ist die karmische Wiederkehr nicht immer angenehm. Andere Menschen schwören sich voller Haß ewige Rache. Auch dies ergibt ein starkes Band, das nach einer gelebten Einlösung des Fluches trachtet. Es wird also sowohl im Guten wie im Bösen aneinander festgehalten, und es werden Verpflichtungen und Ursachen (Karma) zur Wiederholung des Ganzen geschaffen, wenn die beiden Parteien nicht doch einst loslassen, von ihrer Überemotionalität ablassen und einander endlich vergeben.

Den Verstorbenen helfen

Oft muß die Seele eines Verstorbenen *weitergeführt* werden in die höheren Bewußtseinsebenen der spirituellen Welt. Die Totenrituale der Religionen erfüllen normalerweise diesen

Zweck. Leider werden viele Verstorbene ohne spirituelles Ritual bestattet oder die Bestattungsriten werden als sinnentleerter Formalismus absolviert, der keine heilende Wirkung mehr hat. So bleiben viele erdgebundene Seelen in der Astralsphäre, und das Stocken des evolutionären Prozesses dieser Seelen trägt zum Stocken der gesamten menschlichen Evolution bei.

Innerhalb der Evolution des gesamten Kosmos ist die Form des menschlichen Lebens nur ein Teilaspekt, nur eine der vielen möglichen Bewußtseinsformen, die der schöpferische Urschoß hervorbringt. Über den spirituellen Teil unseres menschlichen Seins steht uns die Entwicklung in andere Bewußtseinsformen offen. Jedes Festhalten am irdischmenschlichen Erleben entlang der Zeitachse bindet jedoch die Entwicklung an einen Punkt auf der Achse, der dann beständig wiederholt wird, bis diese *hängengebliebene Schallplatte* durch eine (Bewußtseins-) Erschütterung eine Rille weiterspringt und der Mensch so vielleicht in der Lage ist, sich durch Weiterentwicklung langsam vom karmischen Rad der Wiedergeburten abzulösen.

Jeder Mensch, der aufrichtigen Herzens an die Sache herangeht und keine Berührungsängste mit dem Thema Tod hat, kann einer Seele beim Übergang in die spirituelle Welt helfen und das Loslassen des vergangenen Lebens erleichtern. Astrale Nabelschnüre lassen sich bei Verstorbenen genauso lösen wie bei Lebenden. Günstiger ist es natürlich, wenn die Ablösung zu Lebzeiten erfolgt, da die Sache dann in diesem Leben noch bearbeitet werden kann. Aber es ist uns auch Jahre nach dem Tod einer verknüpften Person noch möglich, das Energieband zu lösen, ja sogar dann noch, wenn die Seele bereits wieder inkarniert ist.

Astralverbindungen zu Verstorbenen sind erlösbar

Die Methode ist dieselbe wie beim Ablösen einer astralen Nabelschnur zu einem lebenden Menschen. Die Energie des Verstorbenen ist ja noch gegenwärtig und so kann diese Seele auch auf der Energieebene noch erreicht werden. Nach der Ablösung ist eine Reinigung der Räume und der Aura (Rauch oder Lichtvisualisierung) notwendig und wie üblich die Visualisierung des Schutzkreises. Das Auflösen der Verbindung bedeutet auch für die Seele der verstorbenen Person einen Bewußtseinssprung und einen Schritt vorwärts, da das Energiebewußtsein aus der Nabelschnur und der irdischen Verknüpfung freigesetzt und dadurch verfügbar wird. Dies bedeutet auch für die Toten Befreiung und Loslösung, da dieses bestimmte Karma damit unwirksam gemacht wird.

Das Gelingen hängt auch hier wieder von deiner Aufrichtigkeit und Klarheit ab. Bemühe dich darum, wirklich loszulassen. Die Tatsache des Todes ist unveränderbar und du kannst den Menschen nicht zurückholen. Öffne dich der Trauer und laß deine Gefühle aufsteigen, weine, schreie sie hinaus. Dadurch werden die Emotionen entladen, und du wirst dich besser fühlen. Jedes weitere Anklammern nach dem Tode ist nur von Schaden, sowohl für dich wie auch für die empfindliche Seele der Verstorbenen.

Sind noch alte Schulden offen, wird Vergebung benötigt, dann praktiziere die Übung des Verzeihens aus dem Höheren Selbst für den Verstorbenen. Diese Übung übermittelt dein Verzeihen nach drüben, du kannst aber auch deinen Wunsch nach der Verzeihung des Toten hineinlegen, auf daß dir vergeben wird. Über die spirituelle Ebene sind wir alle miteinander verbunden, und so wirst du ganz bestimmt Erfolg haben. Sei dir bitte dessen bewußt, daß bittere Haß- und Racheschwüre ebenfalls dort ankommen und eine fatale Resonanz erzeugen können.

✷ Übung

Die Bitte um einen Seelenführer

Eine weitere Methode besteht in der Bitte um einen Seelenführer, der die Seele begleitet und gegebenenfalls die Energiebänder trennt. Dies kann ein Engel, eine bestimmte Gottheit o.ä. sein. Forsche in deiner Religion nach den Seelenführern, bitte den Schutzgeist der Person oder kreiere eine neutrale Affirmation wie etwa: „Unendliche Urkraft des Kosmos, nimm die Seele von XY in die ewige Liebe auf."

Sprich deine Affirmation mehrere Tage (das kannst du auch für Seelen tun, mit denen du keine persönliche Verbindung im Leben hattest) und visualisiere dabei das Bild oder den Namenszug des Verstorbenen vor deinem inneren Auge. Führe das immer dann durch, wenn dir die Person in den Sinn kommt oder wenn du das Gefühl hast, daß die Seele dein Gebet braucht. Es wird von Tag zu Tag schwieriger werden, das Bild festzuhalten (verwende kein Foto). Vielleicht wird es auch unscharf oder kleiner und erscheint entfernter. Versuche nicht, es zurückzuholen. Wenn du spürst, daß der Kontakt reißt, dann segne diese Seele liebevoll und verabschiede dich. Reinige deine Chakras. Schließe deinen Schutzkreis.

Sich um die Hinterbliebenen kümmern

Mit dieser Praxis und auch mit Gebeten kannst du die Not einer erdgebundenen Seele lindern, denn dieser Zwischenzustand des Festhängens ist das wahre *Fegefeuer*. Wende die Methode des Weiterführens auch im Freundeskreis an, wenn du ahnst, daß zwischen einer Freundin oder einem Freund und der verstorbenen Person eine astrale Nabelschnur existiert hat oder wenn du siehst, daß die Hinterbliebenen mit ihrer Trauer nicht fertigwerden. Dies ist oft ein Grund, der eine Seele veranlaßt, in der Nähe ihrer Lieben zu verweilen. Kümmere dich um die Trauernden, sooft es geht, mit Gesprächen oder auch nur durch Zuhören. Zum Ablösen einer Energieverbindung über den Tod hinaus gehört auch das Aufrollen unerlöster Erinnerungen, alter Fehler und Schuldgefühle.

Sinnvolles Totengedenken

Leider ist es unmodern geworden, für die Verstorbenen zu sorgen und zu beten. Während vor dem Tode keine Technologie zu teuer ist, um einen Körper am Leben zu erhalten, ist der Tote hinterher lediglich ein Stück Abfall, das entsorgt werden muß. Die feinstoffliche Persönlichkeit des Menschen, sein geistiges Wesen, findet im allgemeinen weder im Sterben noch danach die Beachtung und Hilfe, die ihr gebührt und die sie bräuchte.

Dafür fehlt in unserer Gesellschaft noch weitgehend das Mitgefühl, denn die Tatsache von Tod und Sterben ist ein Tabu. Sie paßt nicht in eine veräußerlichte Konsumwelt, die nur dadurch existiert, daß das Herz der Menschen an möglichst vielen Dingen anhaftet und starke Bedürfnisse nach der materiellen Seite hin entwickelt. Mit dem Tode fällt ein Mensch aus der Käufer-Gesellschaft heraus. Das spirituelle Wesen existiert für die Konsumwelt nicht. In anderen Kulturkreisen, darunter auch in hochindustrialisierten Staaten wie z.B. Japan, besitzen die Menschen eine wesentlich ausgeprägtere spirituelle und rituelle Verbindung zu ihren Verstorbenen. Ein bewußtes und koordiniertes Ritual des Ahnengedenkens ist nicht mit einer astralen Nabelschnur zu verwechseln.

Auch wir besitzen einen traditionellen Totengedenktag, der bereits in vorchristlicher Zeit bestand. Um den 31. Oktober war früher bei den Kelten Neujahr (Samhain) und die Zeit des Jahres, wo die Trennwand zwischen Diesseits und Jenseits am dünnsten war. Dann, so glaubte man, kämen die Toten in die Nähe der Behausungen der Lebenden. Diese hatten nun auch Zeit, sich nach der harten Arbeit im Sommer und Herbst mehr nach innen zu wenden und sich auf die feinstofflichen Bereiche einzustimmen. Der Jahreszyklus ist dann vollendet und in der Natur beginnt das große Sterben. Das ließ die Menschen naturgemäß an ihren eigenen Tod denken.

Heute spüren wir die natürlichen Rhythmen kaum noch. Es herrscht jahraus, jahrein derselbe Trott, und umso einschneidender, fremdartiger und störender wirkt das Ereignis des Todes, das die Kette der Gleichförmigkeit zerreißt.

Dabei gibt es Möglichkeiten, eines positiven und inspirierenden Verkehrs mit den Ahninnen und Ahnen. Ich meine jedoch weder das spiritistische Rufen der Verstorbenen, noch das verzweifelte Anklammern an die Totengeister oder das jahrelange Beweinen des Verlustes. Ein gelegentliches, nicht emotional übersteigertes Gedenken wird oftmals durch einen positiven Traum, der vielleicht sogar einen guten Rat enthält, oder durch bedeutsame Zufälle belohnt, die uns im Alltag weiterhelfen. Es gibt viele höherentwickelte Verstorbene, die gerne auch von der Geistwelt aus inspirierend wirken oder die mithelfen, schwierige Verknüpfungen erdgebundener Seelen zu lösen. Zur Unterscheidung sei gesagt, daß Inspiration jedoch niemals negative Besitzergreifung oder Beeinflussung und unangenehme psychische Empfindungen oder aggressive Spuk-Phänomene beinhaltet. Echte Inspiration dient der positiven Erweiterung deines Bewußtseins und kann deinen Alltag bereichern. Niemals ist sie destruktiv!

Hilfe aus dem Jenseits

Derartige Einflüsse sind keine Inspiration, sondern gehören in den Machtbereich der astralen Nabelschnur, und du solltest dich unbedingt davon ablösen und auf astralen Schutz achten, wenn dir so etwas widerfährt.

Einweihungen

Verbindung mit einem gemeinsamen Kraftfeld

Eine weitere Variante energetischer Verbindungen stellen die Einweihungen in Religions- oder Glaubensgemeinschaften, spirituelle Orden, okkulte Logen, Konvente, Meditationsguppen etc. dar. Hierbei werden die eingeweihten Mitglieder auf die Grundrichtung der Gruppe, auf den Gruppenführer, auf ein spirituelles Symbol o. ä. eingestimmt und so einerseits zur Einhaltung des Gruppencodex verpflichtet, andererseits haben sie über das Band Teil am Kraftfeld der gesamten Gruppe. Somit werden ein fester Verbund, ein Gruppenrapport und ein einheitliches Kraftfeld erzeugt, das von allen Mitgliedern wechselseitig gespeist und angezapft wird.

Manche spirituellen Gruppen behaupten, daß diese Verbindung unauflöslich sei. Das stimmt jedoch nicht, denn wie wir gesehen haben, ist eine astrale Nabelschnur durch Veränderung des eigenen Musters und durch eine bewußte Abnabelung, in diesem Fall durch Änderung der Ansichten, einem Prozeß der Auflösung unterworfen. Auch bedarf jede astrale Nabelschnur einer fortwährenden Auffrischung durch physische Kontakte, bei spirituellen Gruppen die Teilnahme an den Gemeinschaftsritualen. Psychische Probleme können allerdings dann auftreten, wenn das Einweihungsritual so etwas wie einen Eid der ewigen Verbundenheit beinhaltet, dem die Initianten zustimmen müssen. Ein solcher Schwur bildet eine machtvolle Energieform, die im Falle der Abtrünnigkeit einen entsprechenden Zwang ausübt.

Abhängigkeit vom Guru

Energieverbindungen, die sich auf einen inkarnierten Menschen, Guru oder Sektenführer, beziehen, können dieselben Abhängigkeiten erzeugen, wie jede andere Nabelschnur im zwischenmenschlichen Bereich. Es kann dabei durchaus zu einer persönlichen Fixierung kommen, die meist vom Leiter der Gruppe auch gewünscht ist. Ich habe von einem Fall gehört, wo sogar eindrucksvolle PSI-Phänomene in Verbindung mit einem Guru aufgetreten sind, was die Anhänger in Verzückung geraten ließ und seine Gegner zur Unterstellung von Schwarzer Magie verleitete. Phänomene wie unerklärliche Geräusche, Lichterscheinungen, Materialisierungen usw. tauchen häufig als Nebenprodukt okkulter oder spiritueller Praxis auf. Sie sind jedoch nicht die Praxis selbst oder das Ziel des Übenden.

Ein ernstzunehmender Meister, der vor allem auch sich selbst und die gewaltige Verantwortung, die er trägt, ernst nimmt, wird sich nicht zum Varietézauberer erniedrigen. Das Erzeugen von Psi-Phänomenen sagt weder über die spirituelle noch über die menschlich-soziale Reife eines Menschen etwas aus. Nur weil Jesus oder Buddha so außerordentliche Adepten und Magier waren, die solche Künste beherrschten, ist nicht jeder kleine Uri Geller gleich ein Gottmensch. Leider verlieren sich viele Sucher in der Faszination solcher Demonstrationen und fallen dann auf einen Meister herein, der lediglich auf einem gnadenlosen Egotrip ist.

Gruppensuggestion und Hypnose

Mir ist ein Fall zu Ohren gekommen, wo der Abgesandte eines Meditationsmeisters eine örtliche Gruppe der Organisation besuchte. Als er vor den versammelten Menschen im Saal stand, sprach er eine ganze Weile kein Wort und blickte die Menschen nur an. Plötzlich entfachte ein irres Gelächter unter allen Anwesenden, für das es anscheinend keinen Grund gab. Möglicherweise handelte es sich hierbei um eine mentale Suggestion, die innerhalb der aufeinander eingestimmten Gruppe sehr gut funktioniert hat.

Ich weiß nicht, welche Lehre der Vorsteher dabei erteilen wollte und ob er eine Erklärung für den Vorgang gegeben hat. Lachen ist an sich eine harmlose Sache und es ist schön, wenn Menschen gemeinsam lachen, doch sollten sie bewußt lachen dürfen und nicht grundlos lachen müssen. Über solche harmlosen Spielchen läßt sich der Einklang der Gruppe kontrollieren bzw. erzeugen. Wer das nicht lustig findet, gehört nicht dazu! Mich erinnert diese Schilderung jedenfalls stark an Hypnose-Shows, die es manchmal in Discotheken oder Konzertsälen zu sehen gibt. Dort wird den Anwesenden mittels Hypnose beispielsweise suggeriert, daß es sehr heiß ist, worauf die Leute anfangen, Kleidungsstücke abzulegen. Ein Mensch, der über PSI-Kräfte verfügt, ist sehr wahrscheinlich auch in der Lage, andere zu hypnotisieren. Natürlich funktioniert auch Hypnose nicht ohne Einverständnis. Dabei ist es gleich, ob du dein Einverständnis in Form einer Einweihung gibst oder ob es auf dem Kauf einer Eintrittskarte zur Hypno-Show beruht.

Demzufolge besitzt auch nicht jeder Guru (Führer), Sektengründer und auch nicht jede Oberhexe ein erlöstes Nabelchakra, das von der Machtausübung hin zur sozialen und spirituellen Verantwortlichkeit entwickelt ist. Du solltest auf die Machtstrukturen und Abhängigkeitsverhältnisse innerhalb einer Gruppe achten, bevor du dich einweihen läßt. Informiere dich vorher genau über die Leiter und die Grundausrichtung der Gruppe, und sieh dir das Symbol oder die Lehre genau an, auf die du eingeschworen wirst.

Prüfe die Gruppe, der du beitreten willst!

Wichtige Fragen in dem Zusammenhang: Was passiert mit Andersdenkenden? Ist die Gruppe tolerant oder verbreitet sie eine absolutistische Stimmung? Ein Guru, der seine Ansichten zwanghaft allen Menschen aufdrängen will, hat ganz sicher noch keine eigene Befreiung erlangt. Werden Hoffnungen und Ängste geweckt, wie z.B. „nur mit unserem Glauben (in unserer Gruppe) wirst du erlöst, allen anderen droht ewige Verdammnis“? Läßt sich der Kult und das Vereinsleben mit deinem jetzigen Leben verbinden, oder mußt du alle Brücken abbrechen und dich ganz hingeben? Wird die Gruppe über ein Feindbild (die Bösen) zusammengehalten? Kämpft sie gegen den Rest der Welt?

Glaubwürdige spirituelle Erleuchtung kann nicht losgelöst von der Welt und dem Zustand, in dem sie sich nun einmal befindet, geschehen. Augen zu und Erleuchtung pur ist nur eine andere Form von Verdrängung. Auch der Einsiedler auf dem Berg ist nicht völlig aus der Welt, sondern nach wie vor ein Mitglied der Menschheit und demnach am Ganzen beteiligt. Das Streben nach einer besseren Welt muß in und mit dem Ganzen geschehen, wenn es nicht zur naiven Weltverbesserei werden soll. Dem Zustand innerer spiritueller Befreiung geht ein langer und harter Entwicklungsweg voran. Es ist unrealistisch, zu glauben, in einer *auserwählten Gruppe* lösen sich alle Probleme von selbst. Freilich ist für den spirituellen Pfad Hingabe nötig, aber sie wird so oft mit Unterwerfung verwechselt. Und wenn eine Gruppe den lieben langen Tag damit beschäftigt ist, über die bösen Feinde oder gar den ungläubigen Rest der Welt herzuziehen, um sich gleichzeitig schulterklopfend zu bestätigen, daß sie ja doch die besseren Menschen sind, dann solltest du Abstand nehmen (auch von deiner eigenen Lust, gerne etwas Besseres zu sein).

Oft schüren Gruppen, die auf Mitgliederfang sind, vor deinem Beitritt eine unheimlich positive emotionale Stimmung, die dich öffnen soll. Alle wiegen dich geradezu in einer warmen Energiebadewanne, und du könntest dich glatt in diese Leute verlieben. Freilich ist das schön, aber laß dich nicht zu sehr einlullen. Sie alle haben etwas davon, wenn du beitrittst. Und sie wissen, im Unterschied zu dir, ganz genau, was sie wollen. Drum prüfe, was sie dir langfristig wirklich zu bieten haben. Den Platz im Himmelreich und Leute zum Flirten kannst du billiger auch haben.

Beachte auch deine eigenen Motive

Werde dir aber auch über deine eigenen Motive klar. Bist du wirklich auf spiritueller Suche oder suchst du nach einer Ersatzfamilie, bei der du annabeln kannst? Dann nämlich ist die Gefahr groß, daß du dich von extremen Emotionen blenden läßt, die dahinterliegenden Motive verkennst und, was das Schlimmste ist, deinen kritischen Verstand ausschaltest. Wenn du in deinen übrigen Beziehungen zur astralen Nabelschnur neigst, dann ist anzunehmen, daß du auch in einer spirituellen Gruppe, die dieses Abhängigkeitsmuster erzeugt, landen wirst. Achte deshalb ganz bewußt auf die beschriebenen Zusammenhänge und Verhaltensmuster.

Laß dir vor allem auch bei okkulten Logen den Text des Einweihungsrituals zeigen (und überlege dir genau, ob du mit allen Punken übereinstimmst) bzw. halte dir auch im Ritual die Möglichkeit offen, Nein zu sagen wenn dir etwas zuwider läuft. Der Text einer Einweihung oder eines Gelübdes wirkt als psychische Programmierung und ist nicht nur an die Gruppe und den Leiter, sondern oft zusätzlich an machtvolle Kraftfelder gebunden, deren Benutzung dir mit der Einweihung eröffnet wird, die aber auch eine bestimmte Codierung deines Unbewußten bewirken.

Einweihungsrituale sind kein Firlefanz

Absolut menschenfeindlich sind Schwüre, die in irgendeiner Weise Aspekte der Selbstbeschränkung oder Selbstzerstörung im Falle der Abwendung von der Gruppe beinhalten. Ich möchte nicht wissen, was eine Gruppe hinter verschlossenen Türen alles treibt, wenn sie einen Schwur abverlangt, der die Mitglieder bei Austritt oder Verrat in Einsamkeit, Freudlosigkeit oder gar in den Tod und zur Hölle schickt. Einweihungsrituale sind kein theatralischer Firlefanz oder nur eine kleine Formsache, sondern ernstzunehmende *psychische Programme,* die bis in die materiellen Strukturen eingreifen können.

Manche Führer, oder solche die es werden wollen, mögen es aus gutem Grund nicht, wenn ein Mitglied sich aus dem Netzwerk abnabelt. Eine große Gruppe bildet auch ein großes Kraftfeld und dementsprechend mehr psychische Energie aus. Es ist möglich, daß einzelne ein Gruppenenergiefeld für ihren Bedarf anzapfen. Solange dies in freier Gegenseitigkeit für alle Mitglieder der Gruppe möglich und vor allem auch transparent ist, erfüllt dieses Prinzip den positiven Sinn und Zweck der Gruppe.

Der Guru hat den Daumen drauf

Wenn die Gruppe jedoch mittels der astralen Nabelschnur, also einer Machtverbindung, zusammengehalten wird, dann ist klar, daß diese Formation ein Machtgefälle besitzt. Dort gibt es Obere, die von der eingebrachten Energie der Masse profitieren. In einer zwischenmenschlichen Beziehung mit Nabelschnur kann, wie wir gesehen haben, einer der beiden Beteiligten der Energiegeber sein, während der andere sich an der Zwillingsenergie gütlich tut. In einem solchen Fall handelt es sich dann um energetischen Vampirismus. Dient eine Gruppe diesem Ziel, so ist immer mit Ausbeutung (auch materieller) der unteren Schichten zugunsten derer, die die Gruppe leiten, zu rechnen. Auffällige Zeichen sind oft totalitäre Strukturen, Denunziantentum, Bestrafungen, Demütigungen und Zwangsmittel gegenüber Mitgliedern die nicht konform sind, Unfehlbarkeit und Allmacht der Führung (oft ist der Führer *Gottes Sprachrohr*), Heimlichtuerei über die wahre heilige Persönlichkeit des Chefs oder der Chefin, die nur besonderen Eingeweihten mitgeteilt wird. Dies bezieht sich jedoch nicht mehr nur auf spirituelle Gemeinschaften, sondern ist ein Phänomen, das allen Machtstrukturen innewohnt, namentlich dann, wenn eine persönliche Identifikation der Befehlsgewaltigen mit der Macht erfolgt.

Verbindungen zu anderen Lebewesen

Die astrale Nabelschnur zu anderen Wesen

Der Vollständigkeit halber will ich noch die Möglichkeit energetischer Verbundenheit mit anderen Wesen erwähnen. Dieselbe Art von unsichtbaren Energieverbindungen wie im zwischenmenschlichen Bereich kann auch zu Tieren, Pflanzen und anderen materialisierten Formen, zu nichtmenschlichen, geistigen oder göttlichen Wesenheiten, spirituellen Kraftfeldern und Entitäten, sowie jeder anderen Energieform im Kosmos geknüpft werden. Bei Übersteigerung unterliegen sie denselben Gesetzmäßigkeiten wie die astrale Nabelschnur im zwischenmenschlichen Bereich.

Ein Mensch kann seine Individualität auch an die astrale oder spirituelle Welt verlieren. Im negativen Fall spricht man bei diesem Phänomen von Besessenheit, der positive Aspekt tritt als Beseeltheit oder religiöse Verzückung auf. Die Besessenheit bezieht sich auf zerstörerische oder dämonische Wesen und auf das willkürliche, nicht steuerbare Auftreten solcher Phänomene. In religiöser Verzückung verbindet sich die menschliche Seele mit einer Gottheit oder einem höheren Geistwesen.

Hierzu gehört auch die schamanische Trance, bei der die Schamanin zum Medium ihrer Heilungsgeister wird, die dann durch sie heilen. Dabei ist es wichtig, das richtige Maß zwischen Hier und Drüben zu halten, da bei einer Übersteigerung sonst eine dauerhafte Entrückung (Verrücktheit) in die Anderswelt entstehen kann. Auch diese Beziehungen sind niemals einseitig geknüpft, sondern weisen dieselbe Resonanz auf, wie jede andere astrale Nabelschnur. Es wird also niemand von den Unsichtbaren geholt, der nicht auch danach gerufen hat.

Energiebänder zu Tieren

Auch zu einem Tier kann eine Astralverbindung bestehen. Die Verbindung zu Tieren ist relativ häufig, wenn ein Haustier große emotionale Bedeutung für das Frauchen oder Herrchen erlangt. Manchmal werden die Tiere wie Ersatzpartner oder anstelle eines Kindes gehalten. Ganz klar ist hier der Mensch in der Machtposition, der das Tier nach seinem Willen formt, was oft mit völlig artfremder Haltung einhergeht. Hier wird das Tier zur Projektionsfläche und zum Spielzeug unerfüllter und unerlöster Emotionen der Besitzer. In der laufenden Beziehung treten meist Probleme auf, wenn das Tier sich instinktiv wehrt, weil der Mensch es nicht Tier sein läßt und so achtet, wie es ist. So macher Schoßhund wird plötzlich bissig, weil er die Marotten von Herrchen oder Frauchen nicht mehr erträgt. Dann kommt der Tierpsychologe zum Einsatz, obwohl eigentlich der Mensch einer Behandlung bedürfte.

Auch Tiere können erdgebunden bleiben

Der Gefährte aus der Tierwelt kann ein treuer und guter Freund sein, aber diese Freundschaft sollte nicht mit einer Freundschaft zwischen Menschen verwechselt werden. Nach dem Tod des Tiers kann die Ablösung der astralen Nabelschnur notwendig werden, wenn der Mensch nicht über den Tod des tierischen Freundes hinwegkommt. Auch die Tierseelen können erdgebunden bleiben, anstatt in das ihrer Gattung eigene Kraftfeld auf der spirituellen Ebene einzutreten, was als genauso negativ und entwicklungshemmend anzusehen ist wie bei menschlichen Verstorbenen. Aber auch hier läßt sich eine Lösung der Energieverbindung auf dieselbe Weise bewerkstelligen, wie bei einer zwischenmenschlichen astralen Nabelschnur.

Und in der Zukunft...?

Die astrale Nabelschnur in zwischenmenschlichen Beziehungen ist im Grunde ein kollektives Phänomen. Die Intensität mag differieren, wie auch die Bereitschaft der einzelnen, in eine solche Abhängigkeit zu treten bzw. eine Nabelschnur sogar aktiv zu benutzen. Aber viele der Gründe, in Astralsymbiosen zu treten, liegen auch im System unserer Leistungsgesellschaft. Der leistungsfähige Mensch muß nicht nur gut sein, stark sein, schön sein, nein, er muß immer noch besser, stärker und schöner sein als die anderen. Hier reproduziert sich das Machtgefälle, und zwar bereits vom Anfang des Lebens an. Und wie wir gesehen haben, tritt der Mensch sein Leben bereits entwurzelt an, wenn er in diese technologisierte Welt hineingeboren wird.

Die astrale Nabelschnur ist ein kollektives Phänomen

Eine weitere Grundlage mag darin zu finden sein, daß vor allem in den westlichen Gesellschaften besonders in diesem Jahrhundert die spirituelle Seite der Menschen mehr und mehr verneint worden ist. Wir besitzen nur wenige zeitgemäße Repräsentanten spiritueller Werte, und in das *spirituelle Brachland* drängen immer wieder falsche Propheten, die Diesseitigkeit und materielle Werte predigen und die nicht Diener des Ganzen sind, sondern versuchen, Macht für sich zu konservieren. Dies hat in der ganzen Geschichte immer zu Zerstörung geführt. Aber ich sehe auch, daß die Welt bereits der Zeitenwende begegnet. Die Menschheit ist momentan im großen Stile dabei, die feinstoffliche Seite der Existenz (wieder) zu erforschen.

Kollektives Interesse an Spiritualität

Der materielle und rationalistische Überhang seit der Neuzeit hat einen bedeutsamen *Mangel am Unerklärbaren* erzeugt, und es findet eine tiefgreifende Bewußtseinserweiterung statt, im Zuge derer einer breiten Masse lang vorenthaltene, esoterische Techniken und geheime Zusammenhänge des Lebens zugänglich werden. Dabei findet ein Ablösen von den Vermittlerpersönlichkeiten statt, was letztlich zu mehr Eigenverantwortung führen wird. Eine Individualisierung menschlicher Spiritualität macht starre, hierarchische Institutionen überflüssig. Nicht umsonst wird dieser bereits spürbare Trend von Soziologen und Kirchenvätern mißtrauisch beäugt. Zum Teil vielleicht auch, weil die Umsetzung noch zu verfrüht und daher störanfällig ist, doch bei manchen ganz sicher auch, weil sie am Veralteten festhalten. Doch ich denke, dies ist ein evolutionärer Lernschritt und eine große Chance für uns alle. Die Einsicht in energetische Ursachen, die im Prinzip wir alle geschaffen haben und beständig fortsetzen, birgt bereits die Zukunft in sich, denn nur über diese Einsicht ist eine Umwandlung alter Strukturen erreichbar.

Neue Wege erfordern neue Verantwortlichkeiten

Es ist klar, daß die Menschen nun das Neue ausprobieren. Viele entwickeln *magische Kräfte* (PSI-Energien), auch ganz unbeabsichtigt, einfach deshalb, weil die Menschheit als Ganzes dies gerade tut oder auch, weil wir hier in der westlichen Welt jetzt vom religiösen Dogmatismus befreit sind und ohne Todesgefahr andere spirituelle Wege beschreiten können. Nun wird Aufklärung darüber wichtig, daß auch psychische Energien nicht nur Realität besitzen, sondern auch in die physische Wirklichkeit formend einwirken.

Hierin liegt große Macht wie auch Verantwortung des einzelnen. Angewandtes Halbwissen ist in keinem Lebensbereich von Vorteil. Der unwillkürliche und unbewußte Umgang mit den PSI-Energien verursacht vielfach Schaden, der durch genaue Aufklärung vermeidbar wäre. Die astrale Nabelschnur als psychisch-energetische Verbindung gehört natürlich dazu.

Die weltweite Vernetzung im Datenkommunikationsbereich der Computerwelt erscheint mir wie ein Spiegel der esoterischen Entwicklung. Dies sind analoge Prozesse unserer Zeit, mit denen wir uns auseinanderzusetzen haben. Telepathie und PSI-Energien sind ebenso real wie Radio, Funktelefon oder Satellitenfernsehen. Aber so, wie sich gerade die Gesetzgeber den Kopf darüber zerbrechen, im Zuge der beschleunigten Entwicklungen einen wirksamen Datenschutz zu schaffen, so sollte sich auch jeder einzelne Gedanken darüber machen, wie verantwortlich er/sie mit der *innerpsychischen Datenautobahn* umgeht. Wird die enorme Bewußtseinserweiterung in die alten Leistungs- und Machtstrukturen eingebracht, dann dient sie lediglich der Übervorteilung und Machtausübung im Sinne des alten Musters. Mit diesem Problem werden wir in der Zukunft noch zu kämpfen haben. Ein Mensch mit unerlöstem Nabelchakra ist nicht in der Lage, die Welt anders als im Macht/Ohnmacht-Gefälle begreifen. Wer nicht für ihn ist, ist gegen ihn; wer nicht Freund ist, ist Feind. Dies entspricht unserem konkurrenzbetonten gesellschaftlichen Leistungsprinzip. Um das neue Bewußtsein und die erwachenden PSI-Energien verantwortlich anzuwenden, ist es notwendig, die Individualität der anderen Menschen anzuerkennen und ihre eigenen Bedürfnisse zu akzeptieren.

Paradoxerweise ist es so, daß je größer die Vernetzung und Gemeinschaftlichkeit wird, jede und jeder einzelne um so mehr auf sich selbst und die Grenzen der anderen achten muß. Eine Daten- oder Energieverbindung, egal welcher Art, muß als Verbindlichkeit dem Ganzen gegenüber begriffen werden. Und dieses Ganze ist keine namenlose Masse gleichgeschalteter Funktionsträger, sondern ein Mosaik aus Einzelindividuen, die gemeinsam wirken.

Wir bewegen uns auf ein Zeitalter des Individualismus zu. Der allseitige Zerfall großer politischer und religiöser Zentralismen ist der Vorbote der neuen Zeit. Zu dieser Zeit gehört die gegenseitige Achtung und Wahrung der Individualität separater Einheiten. Beziehungen in Form hoheitlicher Annexionen oder kolonialer Machtdemonstration haben ausgedient. Die Verbindungen der Zukunft sind freie Zusammenschlüsse, die der Verwirklichung eines gemeinsamen Leitgedankens dienen.

Das kollektive Nabelchakra erlösen

Dieser Leitgedanke muß in letzter Konsequenz planetares Bewußtsein und globale Verantwortlichkeit beinhalten. Mit anderen Worten: Der *Organismus Menschheit* muß sein Nabelchakra erlösen, will er nicht der völligen Zerstörung erliegen. Dieser Prozeß beginnt bei jedem einzelnen Menschen. Deine ureigenste innere Revolution und Verwandlung baut mit an der Basis der Zukunft. In manchen esoterischen Kreisen wird für das Wassermannzeitalter das Kommen eines neuen Erlösers erwartet, der, wie es heißt, *die Welt einen soll.*

Ich glaube nicht, daß ein einzelner Mensch im gegenwärtigen Stadium der Menschheit dazu in der Lage ist (außer er errichtet eine globale Militärdiktatur). Auch scheint mir dieses Warten auf den Einen, *der endlich anfängt, etwas zu tun*, dieses Suchen nach dem Übermenschen, wie auch der immer wieder aufkeimende Ruf nach einem starken Mann in der Politik ein Relikt der Entwicklungsstufe des Fischezeitalters, wo die breite Masse ein gesichtsloses Ganzes war und einem Führerideal folgte. Unser globales kollektives Erbe des Fischezeitalters sollte jedoch das Wissen um Macht und ihre Mechanismen sein.

Das *Warten auf den Einen* ist eine überholte Struktur im kollektiven Muster

Erstarrt Macht in Konzentration auf die Interessen einzelner oder beim einzelnen selbst, so ist die Antwort darauf immer Auflösung der Struktur, die in der Regel mit kollektiver Zerstörung einhergeht. Diesen Prozeß hat die Menschheit 2000 Jahre lang eingeübt, und sie sollte nun zur grundlegenden Erkenntnis gereift sein, so daß der neue Mensch des Wassermannzeitalters die Energie der Zeitqualität nicht mehr in in die Kämpfe mit jenen überkommenen Formen zu stecken braucht. Im Fischezeitalter haben wir erkannt, daß im transzendenten Urgrund alles Eins ist. Die Botschaft des Wassermanns führt uns zum Verständnis der Gleichberechtigung allen Seins in seiner Verschiedenheit und Vielfalt.

Das Wassermannzeitalter bringt den Geist eines neuen globalen Bewußtseins

Es ist Zeit, die Führungsqualität und damit alle Verantwortung nicht mehr auf eine andere Person oder eine Instanz außerhalb des eigenen Seins zu projizieren. Vielmehr sollte jeder einzelne Mensch selbst Verantwortlichkeit und Teilhabe am ganzen System entwickeln und praktizieren. Für den spirituellen Bereich bedeutet dies, Gott in uns zu finden, anstatt außerhalb danach zu suchen. Demnach ist der Erlöser kein bestimmter einzelner Mensch, sondern der Geist eines neuen Denkens und Fühlens in uns allen. Es ist der Geist eines neuen spirituellen Bewußtseins, das auch ökologische und menschheitsbezogene, soziale und politische Verantwortung beinhalten wird. Und dieser Geist, kann die Bänder der Macht und Abhängigkeit auflösen, zu gegenseitigem Annehmen, zu Achtung, Mitgefühl, Freiheit und Eigenständigkeit führen und die Menschheit in globalem Bewußtsein einen.

Anhang

1. Schützende und heilende Affirmationen zur Errichtung eines mentalen Filters:

Ich verneine jetzt alle Gedanken und Gefühle, die nicht zu mir und zu meinem Jetzt gehören. (Merke: wer nicht Nein sagen kann, kann auch nicht Ja sagen! Auch für überwältigende Karmaprozesse geeignet, denn die Verneinung bedeutet auch Abwehr.)

Ich bin völlig sicher und geschützt.

Ich bin frei und unabhängig.

Ich bin heil - ich bin ganz.

Ich achte auf meine Grenzen und bewahre sie.

Ich gehe meinen eigenen Weg.

Ich lebe aus meiner eigenen Kraft heraus.

Das Universum nährt und schützt mich. Ich bin geborgen im All.

Ich folge jetzt meiner eigenen inneren Stimme.

In meinem Bewußtsein bestimme nur ich und niemand sonst.

Ich stehe zu mir selbst, ich liebe mich selbst, ich nehme mich so an, wie ich bin.

Ich werde geliebt, so wie ich bin.

Ich kenne meine Bedürfnisse genau. Ich weiß, wer ich bin.

Alles was nicht zu mir gehört, verläßt jetzt mein Energiefeld. Ich ruhe in mir.

Ich lasse alle fremden Erwartungen jetzt los. Ich bin frei und lebe mich selbst.

Wähle die für dich beste Affirmation aus und wiederhole sie so oft, bis du tief in deinem Inneren ihren Gehalt und ihre Wahrheit spüren kannst. Du mußt dich ganz erfüllt von deinem Leitsatz fühlen, damit er zu wirken beginnt. Dies ist abends vor dem Einschlafen, morgens als erster Gedanke oder in meditativer Versenkung besonders wirkungsvoll. Aber auch im Zug, beim Spazierengehen oder beim Ausruhen in der Hängematte kannst du einige Minuten affirmieren. Wenn du magst, laß dabei eine Perlenkette wie einen Rosenkranz durch die Finger gleiten. Dies ist auch ein bewährtes spirituelles Hilfsmittel vieler alter vorchristlicher Kulturen (Griechenland, Mongolei, Tibet etc.). Jedesmal, wenn du den Satz wiederholst, schiebst du eine Perle weiter. Dies hat den magischen Nebeneffekt, daß sich die Perlen langsam mit der Affirmation aufladen und zu einer Art Talisman werden. Auf diese Weise setzt du eine starke innere Kraft in Gang, die dich mit der Zeit zur Verinnerlichung des affirmierten Satzes führt.

2. Das Pentagramm als besonderes Schutzsymbol

Der Fünfstern (Pentagramm) ist ein altes Schutzzeichen, das weitverbreitet ist. Es steht für den Menschen, für menschliches Bewußtsein, für den spirituellen Geist, der sich durch die Menschen ausdrückt. Durch seine jahrhundertelange Verwendung ist dieses Kraftfeld stark aufgeladen worden und du kannst es als Schutz *in besonderen Notfällen* anwenden, wenn du das Gefühl hast, daß nichtmenschliche oder nicht identifizierbare Kräfte dein Energiefeld stören. Dieses Zeichen hält auch unerwünschte Energien aus Räumen und von Gegenständen fern.
Visualisiere ein leuchtendblaues Pentagramm aus Licht (blau wirkt gegen Angst und reinigt) in einiger Entfernung von dir. Laß es nun langsam näher kommen. Du siehst dabei, daß es groß ist, größer als du selbst. Nun ist es so nahe, daß es fast an deine Aura stößt. Bitte diese Licht-Kraft nun herein in deine Aura und laß sie davon aufladen. Manche Menschen sehen das Pentagramm, als ob es in der Aura steckt, wo die Spitzen herausleuchten. Bei anderen dehnt sich die Aura um das Pentagramm herum. Wichtig ist, daß du dir nun gewahr bist, daß eine sehr wirkungsvolle, alte Schutzmacht auf deiner Seite steht und dir hilft. Laß das Bild verblassen, in dem Bewußtsein, daß der Schutz des Pentagramms bei dir ist.

3. Glossar

Astralfragment: Ein abgespaltener Teil des Astralkörpers, bestehend aus Gefühlen, Wünschen, Trieben, die um einen bestimmten Gegenstand oder Menschen kreisen. Astralfragmente können sich weit vom Urheber entfernen und schwächen so sein Energiefeld. Der Mensch ist dann im wahrsten Sinne des Wortes *zerstreut*. Auch unsauber ausgeführte magische Übungen (z.B. Aussenden der Astralhand oder des astralen Auges) können Fragmente zurücklassen.

Astralvision: Der Blick mit dem inneren Auge; inneres Sehen; mediales Sehen.

Astrale Nabelschnur: Eine psychische Energieverbindung, die in der Regel ein Machtungleichgewicht aufweist. Sinnvoll und nährend ist die astrale Nabelschnur gegenüber schutzbedürftigen KIndern. Im Erwachsenenleben verwandelt sie sich oft in ein Band der Besitzergreifung und der psychischen Abhängigkeit.

Chakra: Ein Energiezentrum im menschlichen Energiefeld der Aura. Der Begriff stammt aus den indischen Yogalehren und bedeutet *Rad*.

Energieform: Ein bestimmtes Quantum von Energie, das einen bestimmten Zweck verfolgt, der in der sichtbaren Welt Ausdruck finden soll. So kann ein intensiver, langgehegter Wunsch oder jeder sonstige starke Gedanke oder jede Leidenschaft eine Energieform bilden, die als feinstoffliche *Programmierung* ihre materielle Verwirklichung sucht. Energiefomen werden bewußt oder unbewußt erzeugt. Dies ist u.a. das Wirkprinzip von Magie, aber auch karmische Verstrickung funktioniert über Energieformen, weshalb viele magische und spirituelle Lehren absolute Gedanken- und Gefühlsbeherrschung an die erste Stelle der Ausbildung setzen.

Explizite, implizite und supra-implizite Ordnung: Von dem Physiker David Bohm Ende der 50er Jahre geprägte Begriffe, die das physikalische Paradox der Welle-Teilchen-Dynamik von Energie beschreiben. Bohm bezeichnet alle sichtbaren Erscheinungen unserer physichen Erfahrungswelt als explizite Ordnung, die von der impliziten, also in ihr *eingefalteten* Ordnung als formativer und bildender Kraft geschaffen werden. Diese implizite Ordnung wiederum ist das Produkt eines weitaus kraftvolleren *Superquantenpotentials*, das er supra-implizite Ordnung nennt. Die supra-implizite Ordnung fungiert als *Intelligenz*, die die anderen beiden Strukturebenen erschafft.

Karma: Ausgehend von der Wiederverkörperung der Seele, die Summe der vergangenen Taten, die die Ursache für die Gegebenheiten in der erneuten Inkarnation darstellen. Karma wird oft als sittliche Ermahnung benutzt: gute Taten, gutes Karma, fördert eine Inkarnation in positive Umstände, schlechtes Karma voller *böser* Taten erzeugt eine Wiedergeburt in negative Lebensumstände. Ich betrachte den Karmabegriff als eine Erweiterung von Konditionierung, im Sinne eines *Seelenmusters*, das über das jetzige Leben hinausreicht. Nach meiner Erfahrung wird mit dieser Sicht gerade auch die Integration frühkindlicher Traumatisierungen erleichtert, da die Seele dadurch ihr gesamtes Leben verantwortlich annehmen und einen höheren Sinnzusammenhang herstellen kann, der es ermöglicht, z.B. fatale Opferhaltungen zu verlassen. Allerdings ist zu beachten, daß diesem Annehmen ein umfangreicher, psychologischer Aufarbeitungs- und Erkenntnisprozeß vorangehen muß. Das höhere Verständnis kann weder vorzeitig *aufgepfropft* werden, noch darf Karma als zynische Zurechtweisung (Du bist ja selbst schuld!) dienen.

Photonen: Lichtquanten („-portionen“), Energiequanten der elektromagnetischen Strahlung

Projektion: Das Erleben eigener uneingestandener, unbewußter Gedanken und Gefühle im Spiegel der anderen Menschen. Auch jede magische Handlung oder Visualisierung ist eine (bewußte)Projektion, die den Spiegel zunächst gedanklich abbildet, auf daß er dann im Außen *herbeigezogen* werde.

PSI-Energien, -Kräfte, -Fähigkeiten: Psychische Energien, oftmals auf der Basis elektrischer oder elektromagnetischer Übertragung bzw. durch Beeinflussung von noch unbekannten Variablen im innerphysikalischen Bereich. Sie erzeugen paranormale Phänomene wie Telepathie, Visionen, Präkognition (Zukunftschau), Psychokinese (Bewegung von Gegenständen mit psychischer Energie).

Rapport: Im eigentlichen Wortsinn *Meldebericht*. Damit ist der Austausch von Hypnotiseur und Hypnotisiertem in der Therapiesitzung gemeint. Auch dieser Rapport unterliegt einem, in dem Fall sinnvollen und erwünschten Machtgefälle vom wachen und vollbewußten Therapeuten zur, der bewußten Kontrolle des Umfelds enthobenen, hypnotisierten Person.

Seelenzwilling: Die energetisch verbundene Person. Energiebänder sind immer auch emotionale Verbindungen, also seelische oder psychische Bänder.

Symbiose: Ein sehr enges Zusammenleben zweier verschiedenartiger Lebewesen zum gegenseitigen Nutzen, jedoch dafür auch in starker gegenseitiger Abhängigkeit. Energiesymbiose = Symbiose im feinstofflichen Bereich

4. Quellen und Literaturhinweise

Bach, Dr. Edward: Heile dich selbst mit den Bachblüten, Knaur
Bischof, Marco: Biophotonen, Zweitausendeins 1995
Blome, Dr. med. Götz: Das neue Bach-Blüten-Buch, Hermann Bauer 1992
Bourne, Lois: Autobiographie einer Hexe, Knaur 1987
Brandl, Karin: Magie - Die Kreativität des inneren Kindes, Knaur 1996
Brandl, Karin: Tarot - Das eigene innere Wissen wahrnehmen, Alchima 1997
Brandl, Karin: Räucherduft und Feuerzauber, Kleine Räucherkunde edler Harze, Kräuter und Gewürze; Alchima 1998
Brennan, Barbara Ann: Licht-Arbeit, Goldmann 1987
David-Neel, Alexandra: Liebeszauber und Schwarze Magie, Sphinx 1983
Deaver, Korra: Magische Kräfte und Spiritualität, Knaur 1991
Denning, Melitta/Osborne Phillips: Psychischer Selbstschutz, Esotera Taschenbuch 1996
Dethlefsen, Thorwald: Das Erlebnis der Wiedergeburt, Bertelsmann 1976
Eliade, Mircea: Schamanismus und archaische Ekstasetechnik, Suhrkamp 1991
Eliade, Mircea: Der Mythos der ewigen Wiederkehr, Eugen Diederichs 1953
Fortune, Dion: Selbstverteidigung mit PSI, Ansata 1995
Fromm, Erich/Suzuki/de Martino: Zen-Buddhismus und Psychoanalyse, Suhrkamp 1971
Gienger, Michael: Die Steinheilkunde, Neue Erde 1995
Greene, Liz: Kosmos und Seele. Wege zur Partnerschaft, Fischer 1991
Gribbin, John: Am Anfang war ... Neues zum Urknall und der Evolution des Kosmos, Birkhäuser 1995
Hamann, Brigitte: Die zwölf Archetypen, Knaur 1991
Harner, Michael: Der Weg des Schamanen, Rowohlt 1986
Harris, Amy Bjork und Thomas A.: Einmal O.K. - immer O.K., Rowohlt 1985
Hay, Louise L.: Heile deinen Körper, Verlag Alf Lüchow 1989

Helm, Beate: Die Heilkräfte der Kalifornischen Blütenessenzen, Goldmann 1995
Hope, Murry: Geistige Selbstverteidigung, Sphinx 1987
Jung, C. G.: Bewußtes und Unbewußtes, Fischer 1990
Jung ,C. G.: Synchronizität, Akausalität und Okkultismus, dtv 1990
Jung, C.G. u.a.: Der Mensch und seine Symbole, Walter 1968
Kalweit, Holger: Die Welt der Schamanen, Fischer 1984
Körner, Jürgen: Bruder Hund & Schwester Katze - Tierliebe, die Sehnsucht des Menschen nach dem verlorenen Paradies, Kiepenheuer und Witsch, 1996
Krystal, Phyllis: Die inneren Fesseln sprengen, Ryvellus 1993
Lu K´uan Yü: Geheimnisse Chinesischer Meditation, Hermann Bauer 1984
Markham, Ursula: Universelle Kräfte der Edelsteine und Kristalle, Hugendubel 1990
Marks, Tracy: Schwierige Aspekte (Astrologie), Hier & Jetzt 1990
Meiser, Christian Hg.: Trance - Andere Bewußtseinszustände und die Arbeit mit ihnen, Fischer 1996
Millman, Dan: Die Rückkehr des friedvollen Kriegers, Ansata 1994
Montmerle/Prantzos: Explodierende Sonnen - Supernovae und die Stadien der Sternentwicklung, Spektrum der Wissenschaft 1991
Muths, Christa: Farbtherapie. Mit Farben heilen, Heyne 1989
Nichols, Sallie: Die Psychologie des Tarot. Tarot als Weg zur Selbsterkenntnis nach der Archetypenlehre C.G. Jungs, Ansata 1984
Narby, Jeremy: Die kosmische Schlange. Auf den Spuren der Schamanen zu den Ursprüngen modernen Wissens, Klett-Cotta 2001
Ostrander-Schroeder: PSI - Die wissenschaftliche Erforschung und prakt. Nutzung übersinnlicher Kräfte des Geistes und der Seele im Ostblock, Scherz-Verlag
Palmer, Magda: Die verborgene Kraft der Kristalle und der Edelsteine. Heyne 1989
Pearce, Joseph Chilton: Der nächste Schritt der Menschheit - Die Entfaltung des menschlichen Potentials aus neurobiologischer Sicht, Arbor 1992
Purner, Jörg: Radiästhesie - Ein Weg zum Licht?, Astrodata 1993
River, Lindsay/Gillespie, Sally: Zeitknoten - Astrologie, Goldmann 1991
Roethlisberger, Linda: Der sinnliche Draht zur geistigen Welt, Hermann Bauer Verlag 1995
Roney-Dougal, Serena: Wissenschaft und Magie, Zweitausendeins 1993
Ryzl Dr., Milan: ASW-Training, Goldmann 1984
Scarf, Maggie: Autonomie und Nähe. Grundkonflikte in der Partnerschaft, Heyne 1988
Schwarz, Hildegard: Aus Träumen lernen. Knaur, 1987
Silbey, Uma: Heilkraft der Kristalle, Gondrom 1995
Sogyal Rinpoche: Das tibetische Buch vom Leben und Sterben, O.W. Barth 1993
Suzuki, Daisetz T.: Erfülltes Leben aus Zen, O. W. Barth 1973
Suzuki, Daisetz T.: Die große Befreiung, O. W. Barth 1972
Vaughan, Frances: Heilung aus dem Inneren, Rowohlt 1993
Weber, Renée: Wissenschaftler und Weise, Gespräche über die Einheit des Seins, Rowohlt
Weiss, J. Claude: Karmische Horoskopanalyse, Astrodata 1994
Wickland, Carl Dr. med.: Dreißig Jahre unter den Toten, Reichl 1957
Wilber, Ken/Ecker/Anthony (Hg.): Meister, Gurus, Menschenfänger. Über die Integrität spiritueller Wege, Krüger 1995
Wolff, Katja: Magie - Kunst des Wollens, Macht des Willens, Knaur 1992

Weitere Bücher von Karin Brandl

Durch Auraschutz die innere Kraft bewahren
Wirksame Methoden zum Schutz vor energetischen Einflüssen
ISBN 978-3-932669-07-1
Das Buch beinhaltet ein schrittweises Lernprogramm zum gezielten Aufbau des geistigen Schutzmantels, Meditations- und Visualisierungsübungen, Energiearbeit, Informationen über hilfreiche Blütenessenzen, Kristalle und Kräuter, Reinigung von Aura und Räumen, sowie viele Tipps und Hilfsmittel für den Alltag.

Die magische Mitte
Kreative Rituale im Zentrum der Macht
ISBN 978-3-932669-04-0
Die Mitte der eigenen Wohnung ist ein Punkt von spiritueller Strahlkraft. Diese können wir schöpferisch nützen, um eine positve Atmosphäre zu erschaffen. Das Buch zeigt, wie Sie durch Bilder, magische Kraftgegenstände und Symbole, Rituale oder Räucherungen den Mittelpunkt zu einem Ankerplatz für die Seele machen.

Uranus und Neptun im Spiegel der Zeit
Spiritualität und Neues Bewußtsein im Horoskop
ISBN 978-3-932669-05-7
Uranus und Neptun befinden sich ab März 2003 für rund acht Jahre in einer speziellen Beziehung (Rezeption) zueinander. Aus der Sicht der Astrologie beeinflussen sie uns und unsere Zeit dadurch auf besondere Weise. Das Buch beschreibt die Rezeption und ihre Auswirkungen auf das persönliche Horoskop. Es ist auch für astrologische Laien leicht verständlich und bietet eine Einführung in die Grundlagen astrologischer Deutung.

Räucherduft und Feuerzauber
Kleine Räucherkunde edler Harze, Kräuter und Gewürze
ISBN 978-3-932669-08-8
Feines Räucherwerk selbst herstellen. Das Buch beschreibt 67 Räucherstoffe, wie Harze, Gewürze und Kräuter. Es bietet zahlreiche Rezepte für Räuchermischungen, Anregungen zur Eigenkreation und für besondere Verwendungen, wie Rituale, Raumreinigung usw. sowie viele Tipps zur praktischen Anwendung zuhause.

Infos und Leseproben finden Sie im Internet unter: www.alchima.de

ALCHIMA®